CW01627057

LOLA, EL BRILLO DE SUS OJOS

CIEN AÑOS DE SU NACIMIENTO

Lola, el brillo de sus ojos
Cien años de su nacimiento.
Marina Bernal Guerrero

Editado por Sevilla Pres s.l. Jesús del Gran Poder, 7 . Sevilla 41002
Director editorial: Miguel Gallardo Rodríguez
edicionessevillapress@gmail.com
Colección: Vidas Gráficas 7
Prólogos: Jesús Quintero, Juan y Medio, Rosa Villacastín y Charo Reina
Fotografías: Archivo Sevilla Press, Manuel Olmedo, Juan Alonso Nevado, Marina Bernal, Esteban Pérez Abión, José Antonio Sánchez, Jesús Barrera y Alberto Matey, redes sociales Facebook, Twitter e Instagram, gabinetes comunicación televisiones .
Digitalización e Informática: Antonio Cortés, Manolo Pícaro y Rafael Cortés.
Gestor Cultural y Community Manager: Francisco Carrasco y Antonia Rodríguez
Maquetación: Juan Manuel Zarazaga y Liberis
Imprenta: Liberis
Distribución: Azeta

Ibns: 978-84-124163-2-9
Depósito legal : SE 1852-2021
1ª edición, Sevilla, 15 de noviembre 2021

LOLA, EL BRILLO DE SUS OJOS

CIEN AÑOS DE SU NACIMIENTO

Marina Bernal Guerrero

Sevilla Press

A todas las mujeres que nos abrieron caminos,
luchando por su libertad
y adaptándose a la vida que les tocó.

A todas las LOLAS

Prólogos

LOLA, EL BRILLO DE SUS OJOS

Hace más de 25 años, el 16 de Mayo de 1995, que Lola Flores fallecía en Madrid. Hasta el último momento de su vida estuvo trabajando, fue mito en vida y se ha convertido en leyenda tras su muerte. Su arte está vigente y su capacidad trasgresora, creadora de un estilo distinto que sigue inspirando a otros artistas, inventora del rap, protagonista de películas musicales, carrera televisiva, su capacidad de recitar y sus legendarias frases siguen siendo referentes.

Entre estas frases hay una que Lola utilizó como respuesta en una entrevista de su gran amigo Jesús Quintero. Cuando este le preguntaba por el paso del tiempo y por como otras artistas recurrían al quirófano para mantenerse jóvenes , ella con su sabiduría respondía: "Pero hay una cosa que no se opera, el brillo de los ojos. Eso no se opera".

Y precisamente los ojos de Lola fueron un rasgo distintivo de su físico. Tras ellos había fuerza, energía y misterio. Lola sabía quien era, sabía del poder de su mirada, y lo ejercía.

"Yo no soy de este planeta", llegó a comentar y lo cierto es que no ha vuelto a producirse un fenómeno artístico como el suyo. En estas páginas vamos a intentar desvelar ese misterio que la hacía "Única" . En un tiempo en el que las mujeres no tenían libertad de movimientos ni de expresión, a Lola se le permitieron muchas cosas pero quizás fue porque nunca pidió permiso.

Siempre abriendo puertas y demostrando que la mujer tenía su sitio en el mundo artístico como figura. Los teatros, el cine, la televisión, la publicidad y los medios de comunicación terminaban seducidos por ella.

Desde su origen humilde en Jerez hasta llegar a Hollywood, fue la fundadora de una dinastía de artistas que siguen vigentes, sus hijos Lolita, Antonio (fallecido el 30 del mayo del 95), Rosario y sus nietos: Alba, Lena, Guillermo, Lola y Pedro Antonio.

Lola fue la matriarca pero también la referencia y la iniciadora de un camino, entonces casi imposible, para muchas mujeres.

Beni de Cádiz

JESÚS QUINTERO, EL HOMBRE A QUIEN CONFESÓ SU SECRETO

Jesús Quintero fue sin dudas una de las personas que más y mejor conoció a Lola. Fueron varios sus encuentros y conversaciones, y concretamente dos las entrevistas que el comunicador le realizó en profundidad y en las que Lola habló de todo sin prejuicios. Lola trataba a Jesús como "un igual", lo consideraba de los suyos y llegó a decirle: "si tú me llamas vengo desde donde esté". Dos personas de arte frente a frente, el rey de los silencios y la reina de la palabra espontánea. Mucho mundo vivido por ambos, mucha sensibilidad para detectar el arte, y una forma de vivir la vida similar: apasionadamente.

Fue a Quintero a quien Lola confesó su secreto:

- ¿Sabes por qué yo estoy tan guapa?... Porque el brillo de los ojos no se opera, lo que llevas dentro sale…

Y a continuación mirándolo fijamente le dijo: "y tú lo tienes". Ese misterio que escondían los ojos de Lola, ese brillo que reflejaba lo que era Lola es el enfoque de este libro con motivo del centenario de su nacimiento (1923, Jerez de la Frontera). Lola desde lo hondo, "Jondo", como se hubiera llamado el programa de televisión que habrían hecho mano a mano estos dos monstruos que supieron llegar a toda clase de públicos sin distinción de edad, estrato social o nivel cultural. Porque la autenticidad siempre llega, y tanto Lola, como Jesús, en sus propias reglas y convicciones, fueron auténticos.

Esta es la manera en la que Jesús recuerda como se grabaron dos de las entrevistas más importantes de la vida de Lola que a día de hoy siguen siendo actualidad. Una de las entrevistas se emitió en el programa "El perro verde" (1988) y la otra en "Qué sabe nadie" en abril de 1990. Ambas forman parte de las 4.000 entrevistas y 10.000 horas de televisión que están archivadas en la Factoría de Jesús Quintero, en su pueblo natal, San Juan del Puerto (Huelva), municipio con más de 500 años de historia, al frente del cual se encuentra la alcadesa Rocío Cárdenas.

"Realmente, la entrevista era una conversación entre un hombre y una mujer, normales. Coincidíamos en muchos aspectos, pero, sobre todo, en el Beni de Cádiz y en el amor. En el amor no es frecuente que un hombre y una mujer amen varias veces en su vida. Dos grandes gitanos ocuparon su corazón, Manolo Caracol y el Pescaílla. Ella ha pasado su vida entre artistas, gitanos y payos.

Con Lola Flores hubo una historia de amor, de amor de verdad. Ella conoce muy bien la trama, el desarrollo y el desenlace. Realmente, fueron unas conversaciones entre dos personas normales, entre dos amigos. César González Ruano dijo en una ocasión hablando sobre ella: "Debieron hablarle a Lola de mi excesivamente porque me recibió de una manera excesiva también: "Siéntese aquí mismito...coñac, café...¿un purito?". Pues así me sentía yo ante ella cuando hablábamos.

El secreto de una buena entrevista es que el entrevistado no deje de hablar en todo momento. Soy un hombre de la televisión, no un confesor. Los entrevistadores pueden llegar a ser una maldición o una bendición. Mis conversaciones no son nunca frías, porque me enamoro de las personas que están delante de mí, aunque las odie. He entrevistado en trenes, barcos, aviones y bajo la tierra. Una entrevista es saber cómo empezar y cómo acabar. Compartimos diálogos, reflexiones, canciones, recuerdos, anécdotas, críticas; conectamos hasta en las carcajadas. Nos reímos y nos emocionamos y tuve la oportunidad de aprender de su experiencia.

Diariamente se hacen miles de preguntas en la prensa, radio y televisión, pero rara vez se hacen las grandes preguntas, las que provocan las respuestas más ingeniosas e interesantes para hacer un verdadero retrato del personaje. Únicamente he visto dos miradas inolvidables, por el brillo de sus ojos y su profundidad, en mi vida: los ojos de Lola Flores y los de Pablo Picasso.

Lola no fue solo una visionaria, sino también una mujer comprometida. Compartimos inquietudes ecologistas; a ella le preocupaba como les dejaríamos el planeta a nuestros hijos, le importaban los animales, yo la llegué a ver como una líder ecologista. Recuerdo también su sinceridad, y una anécdota cuando en una entrevista con César González Ruano le dijo:

-"¿Qué lee usted, Lola? ¿Novelas, por ejemplo?"

Lola fue atrozmente sincera respondiendo:

-"Nada. En mi vida no he leído nunca nada. Me gusta más oír hablar a gente inteligente."

Los grandes talentos suelen ser sencillos. El éxito no se persigue, es una consecuencia. El genio es el 20 por ciento y un 80 por ciento, sudor. Lola sabía perfectamente cuando un aplauso era de verdad, cuando salía del corazón, y cuando era pura cortesía. Le gustaba su arte porque le daba independencia. Era grande, muy grande, y por eso reconocía también a las grandes, siempre se refería a Pastora Imperio como una artista excepcional; sobre todas, mejor no la dio el mundo. No hubo otra.

De su faceta artística me gusta sobre toda la flamenca. Decía Chick Corea "El flamenco y el jazz son músicas que proceden directamente del corazón". No se puede hacer arte sin estar enamorado. Lola vivía intensamente, el arte y la vida. Me gustaba especialmente como cantaba y como recitaba. Ella hizo tanto... Desde el Lerele hasta Camarón de la Isla. Quizás me quedaría con su faceta recitativa e interpretativa. Recitaba y cantaba muy bien a Lorca, el grandísimo poeta andaluz que hizo el mejor canto a la raza gitana. Y Lola sabía cómo hacerlo.

En una de nuestras entrevistas me propuso que tendríamos que hacer un programa de televisión juntos, entre los dos, y "Jondo" fue el nombre que se me ocurrió tras finalizar la entrevista. Cómo me hubiera gustado escucharla con Pastora Pavón, la Niña de los Peines, Camarón, Chocolate, Fernanda de Utrera, Caracol y Antonio Mairena...Terremoto de Jerez y el Torta.

Con ella nunca había un tema tabú. Hablamos de todo, de sus hijos, del amor, de dinero, de la justicia y de la droga. "Los que venden droga, decía, no la consumen, la venden". Entonces su hijo Antonio empezaba a tener problemas con la droga. He visto a los mejores de mi generación destruidos por la locura, arrastrándose hambrientos, histéricos, desnudos, de madrugada por las calles en busca de algo de alcohol y droga. Son mi generación. Pero también los he visto luchar por la justicia y por la libertad del pueblo. Una generación que nació en un mundo sembrado de cadáveres. Me decía que a ella no le importaba el dinero. "Pregúntaselo a los que me conocen. Los novios que he tenido, ninguno tenía dinero. Todo lo tengo que comprar yo." ¿Que quién de los suyos ha heredado su talento? Ofú... y yo qué sé... Lola fue... La genialidad de Lola no se hereda. Lola Flores es una auténtica fin de raza. Hablaban sobre que ni canta ni baila, pero... fue y sigue siendo la número uno. Nació en el barrio de Santiago de Jerez, era puro compás. Hablar de ella es recordar a un monstruo de la naturaleza, un maestro del compás."

Le ha costado a Quintero hacer esta reflexión sobre su amiga, su admirada Lola, porque "quiero hacerlo pensándolo bien, como ella merece". Y al enviar sus palabras quiere añadir una reflexión sobre la televisión actual, esa en la que no se reconoce y a la que tanto sigue amando.

"Todos a la televisión. Iros todos a la televisión. Las tripas de la televisión darían para un buen reportaje de investigación. Si quieres llegar lejos en este país, acércate a la televisión, sal por la tele, presenta un programa divertido.

Olvídate de las oposiciones, no pierdas el tiempo. El futuro está en la televisión, en la pequeña pantalla donde todo es posible, donde no hace falta curriculum, donde unas piernas bonitas valen más que toda una carrera profesional, donde un rostro varonil importa más que una cabeza pensante. Si consigues salir en la tele, a continuación, escribirás un libro y después protagonizarás una película...y no te hablo del pedazo de productora que te podrás montar con todo el dinero que ganes en la tele...

Adelante, no busquéis más vuestros nombres en las listas de aprobados de ninguna oposición. Iros todos a televisión, todos a la televisión.

Orson Welles decía: Es horroroso coger a una muchacha atractiva o bonita, que en ningún momento ha parecido otra cosa, y hacerla parecer estúpida".

JUAN Y MEDIO: "SU LEGADO ARTÍSTICO ESTÁ DIVIDIDO ENTRE TODOS, PERO ENTRE TODOS NO HACEN UNA"

Juan José Bautista Martín, conocido artísticamente como Juan y Medio, es comunicador, productor, conocedor de la industria musical y tiene un vínculo personal muy estrecho con la familia Flores. Esta es la forma en la que recuerda y describe a Lola.

"La primera vez que vi a Lola fue en el camino del Rocío. Yo iba en moto, por los caminos, paré, me quité el casco y vi cerca una reunión alrededor de una carreta. Junto a mi había un hombre apoyado en un árbol, tenía un aspecto lamentable. De repente vi bajar de la carreta a una mujer que le pidió algo a otra persona de la reunión. Parecía que era comida, yo observaba desde lejos, vi como la mujer salía al encuentro de ese hombre que reanudó el camino. Cuando se acercó me di cuenta de que era Lola, ella no me vio, y contemplé como se acercaba al hombre para darle un bocadillo, queso, algo más y además le dio dinero, le tocó la cabeza con cariño, aunque el hombre no le miró la cara, miró lo que le daba. Ella al verme, después de ese gesto, me miró y me sonrió, y yo a ella, le hice un gesto con la cabeza y se marchó. Me quedé impresionado, vi la leyenda hecha realidad, me sorprendió mucho.

Para mi su canción más representativa es "A tu vera", sin lugar a dudas. Yo creo que para que una artista llegue a ser leyenda no hay una serie de "requisitos", lo que sí puedo decirte es que Lola fue una mujer con muchísima personalidad, ella hacía lo que creía conveniente con mucho gracejo, mucho desparpajo, buena persona, muy trabajadora, podía ir a trabajar incluso afónica. Nunca se rendía, incluso estando ya enferma, muy enferma, no suspendía una actuación. Era una mujer que consiguió transgredir los cánones de la época y tenía una vitalidad e incluso una salud a prueba de bomba. Podía trabajar toda la noche y luego quedarse de fiesta con las principales personalidades del mundo hasta por la mañana y luego seguir desarrollando su labor de madre, más o menos presencial, pero siempre estaba pendiente de su casa, administrando, actuando, cobrando, era todo un mundo…

En lo que se refiere a su personalidad era desinhibida, simpática, con una gran inteligencia natural, mucha intuición y una manera prodigiosa de repentizar, se revolvía en un palmo de terreno. En un homenaje a Julio Sabala en Madrid, ella ya estaba enferma pero la llamaron para que participara y acudió. Cuando llegó estaba yo en la puerta del local, creo recordar que estaba en la calle Ferraz. Ella al bajar del coche y verme dijo: "oye tú, ¿cómo estás?", yo le contesté "Bien" y ella enseguida dijo: "Pues yo no estoy tan bien, me tienes que ayudar… dame la mano chiquillo, tengo que taparme el brazo malo, así que ayúdame a llegar al escenario". La acompañé hasta el escenario llevándola en medio de la gente y al marcharse me dio las gracias y me dijo: "Muchas gracias, no quiero que la gente lo pase mal con mi malestar…". Me quedé alucinado al comprobar una vez más su generosidad. De sus etapas artísticas me llama la atención recordar lo que supuso su figura para España. Era una estrella incomparable, estaba en los cines de cualquier pueblo, su relación con Caracol, la mezcla del flamenco con sus actitudes absolutamente modernas… tremenda. Cuando ya se convierte en una estrella consagrada es una etapa con más calidad de vida, pero el previo, trabajando todo el día viajando, en aquellos trenes, aquella época, tuvo que ser muy duro.

Lola no pasa de moda porque tuvo una vida con muchos frentes abiertos, con una presencia, una responsabilidad y un prestigio tremendos pero a la vez era un poco caótica en sus gastos, y siempre estaba trabajando para paliar esto. Como mujer era "de armas tomar", de carácter pero bondadosa, con genio y con talento, con energía y trabajadora y tremendamente humana, muy conocedora de la naturaleza humana de como son las personas, no era fácil sorprenderla.

La herencia de Lola está dispersa en su familia, lo propio sería decir que está presente en Lolita, ella es el alma de Lola, pero el genio y su capacidad artística se reparte entre todos. Su legado artístico está repartido en sus nietos, en Alba, que es actriz, en Elena, en su hija Rosario, que tiene en el escenario ese magnetismo y esa fuerza… Parece como que Lola se ha dividido entre todos sus descendientes, a todos los alcanza pero entre todos no hacen una . Ella bailaba, cantaba, actuaba … era tremenda.

El brillo de los ojos de Lola se lo daba su enorme pasión por la vida, su fuerza enorme y verse correspondida en el cariño de la gente, daba igual en qué país, en España o en cualquiera de América, en cualquier país y también en cualquier provincia de España. La fuerza de Lola es muy difícil de explicar. A día de hoy aún hay personas, que sabiendo de mi amistad con Lolita, me siguen dando el pésame por Lola, sigue habiendo mucha gente que la echa de menos.

No ha vuelto a salir una artista como ella, su proyección fue única y nadie le ha llegado al tobillo, a pesar de la cantidad de medios que tienen hoy los artistas para darse a conocer.

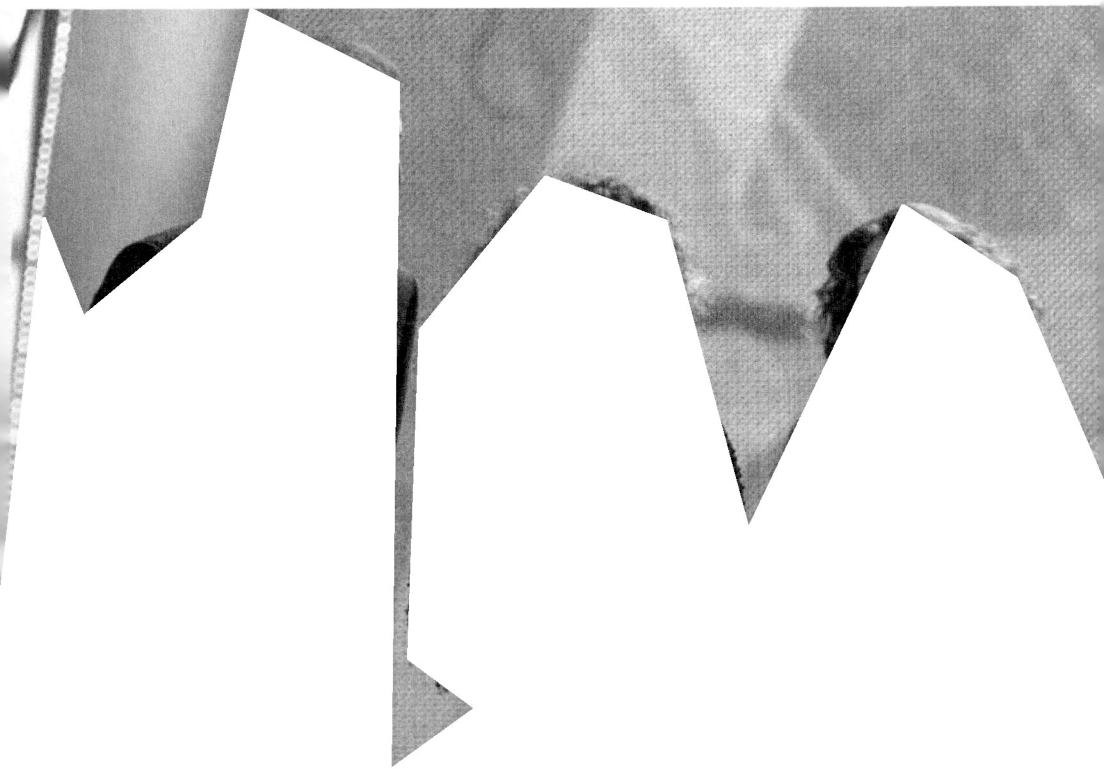

ROSA VILLACASTÍN RECUERDA LA ETAPA DE LOLA EN MARBELLA

En Marbella encontró Lola su paraíso particular. Allí tenía un chalet, "Los Gitanillos", que la periodista Rosa Villacastín recuerda como "un chalet nada ostentoso, tipo andaluz, con piscina".

La ciudad le reconoció su vínculo dedicándole una calle y otorgándole las llaves de la misma en 1991, después de 20 años instalada en esta localidad para disfrutar del verano en familia. Fue Jesús Gil quien quiso hacerle el reconocimiento oficial aunque la entrega de las llaves la hizo Pedro Román, primer teniente de alcalde. En aquel momento dijo: "soy una pionera de esta ciudad. Lo único que deseo ahora es que Dios me dé fuerzas para seguir siendo la misma durante otros 15 años, para seguir cantando y bailando".

Lola era también una habitual del Casino de Marbella y ella contaba como anécdota que una noche lo perdió todo y tuvo que regresar a su casa "en el camión de la basura, que me llevó". En Marbella se celebró la boda religiosa de Lolita con Guillermo Furiase, el 25 de agosto de 1983, a la que asistieron 5.000 personas que casi impiden el enlace e hicieron que Lola dijera la célebre frase de : "Si me queréis, irse". También en Marbella se realizaron las fotos de Lola haciendo top less que fueron portada de Interviú.

El ayuntamiento intentó adquirir el chalet "Los Gitanillos" en el 98 con la idea de montar allí un museo con el nombre de "La Zarzamora" pero finalmente fue adquirido por una inmobiliaria que derribó la casa. Rosa Villacastín recuerda la década de los 80 y 90 con la presencia de Lola en Marbella de esta manera:

"Creo recordar que la primera vez que vi y entrevisté a Lola fue en su chalet de Marbella. Te imponía mucho estar ante ella pero era de las personas que con un café se relajaba y no hacía falta ni preguntar, te lo contaba todo, lo mismo les pasaba a Lolita y a Carmen Ordóñez. El chalet estaba cerca del Hotel Don Pepe y Lola hacía una vida de familia muy normal, vivía todos los ambientes de Marbella. Por la mañana estaba con sus hijos, en la playa, comía con ellos, hacía paellas, jugaban… pero por la noche era habitual de todas las fiestas. Allí también solía ir su hermana Carmen con sus hijos, y la hija mayor de Antonio, Toñi. No había lujos pero era todo muy familiar, todos comían juntos, en el jardín. Siempre había un plato para la persona que llegara a su casa.

El ambiente entonces de Marbella era muy peculiar, se mezclaba la clase empresarial con la aristocracia, con los actores de Hollywood y los artistas nacionales. Alfonso de Hohenlohe era la persona que movía a todas esas personas, desde aristocracia centroeuropea con grandes fortunas a artistas como Audrey Hepburn, Mel Ferrer, Elizabeth Taylor, Brigitte Bardot, Sean Connery… para todos Lola era un auténtico personaje. También estaban artistas nacionales como Antonio, el bailarín, o Carmen Sevilla, pero Lola siempre destacaba: su cara, su baile, su cuerpo que era pura fibra… Estaban también la Duquesa de Alba, la Condesa de Romanones, los padres de Cary Lapique. Cary, Lolita, Carmen Ordóñez y Charo Vega eran todas amigas de la adolescencia, y recuerdo a Rosario, la pequeña de las hijas de Lola, que en esos tiempos no se imaginaba que también se iba a dedicar al mundo artístico, siempre estaba más cerca de su padre y su hermano. Entonces los veranos de Marbella tenían una fiesta cada día, en el Mau Mau, en el Marbella Club, en Pepe Moreno o en casas privadas. Lola brillaba siempre. Vestía maravillosamente, tenía un gran atractivo, su piel bronceada, sus ojos con ese brillo y la boca pintada de color rojo. Entonces llevaba mucha minifalda y tacones, hablaba con todo el mundo, aunque no supiera inglés"

Recuerda también Rosa que desde "Los Gitanillos" salió Lolita para casarse y que fue allí donde se hicieron las fotos de Lola desnuda que fueron portada en el número 383 de la revista Interviú (en septiembre de 1983), del que se vendieron un millón de ejemplares:

"Lola citó a los fotógrafos, salió vestida con una bata maravillosa que se quitó y se dejó hacer las fotos junto a la piscina. Ese reportaje dio mucho que hablar porque ella dijo que las fotos eran robadas".
Lola hacía vida con todo el mundo, iba a comprar, iba a la

playa a la que acudía la gente normal, la veías con sus hijos… Era la única artista que se mezclaba con todo el mundo y que hacía vida de familia y también vida de artista en aquellas fiestas nocturnas. En el pueblo enseguida la aceptaron como una más porque a su popularidad se le unía la cercanía. Además en Marbella también la veías en el casino, solía ir bastante, coincidía mucho con Lina Morgan y con Dibildos. Y no quiero olvidar la gran amistad que tenía Lola con otra habitual de la zona que era Pitita Ridruejo, a su casa acudía la hermana de la Reina de Inglaterra, Margarita, las hermanas Kennedy".

Rosa, pionera en las crónicas de verano desde Marbella, llegó a esta localidad malagueña por primera vez en el 72. Trabajaba entonces para el diario Pueblo, y tenía como compañeros a Carmen Rigalt, a Julia Navarro, y al fotógrafo José Manuel Otero, que fue uno de los paparazzis pioneros en Marbella. Lola era un personaje habitual en sus crónicas: "Ella era como Dios, estaba en todas partes, se movía en todos los ambientes y con todo tipo de gente y se llevaba bien con todo el mundo "

Esta relación con Lola continuó en Madrid ya que ambas vivían en La Moraleja: "El día que falleció Lola, las ambulancias pasaron por la puerta de mi casa, las escuché y quince días después volvían a pasar. Pensé que le había pasado algo a Antonio padre pero llamé a la casa y cuando me dijeron que era Antonio hijo se me cayó el teléfono de las manos. A día de hoy sigo sin entender como Lolita y Rosario pudieron soportar aquello".

De sus numerosas charlas, entrevistas y encuentros con

Lola hay dos momentos puntuales que no olvida y aún le impresiona recordarlos:

-"El primero fue cuando me confesó que tenía cáncer, me lo dijo con una naturalidad que me dejó helada. Era una conversación de mujer a mujer, no era para que lo publicara pero me hizo la confesión para que yo lo supiera. Tenía mucha esperanza y nunca pensó que pudiera con ella, se bajó los tirantes del vestido y me enseñó el pecho. Compartió esa intimidad conmigo con una naturalidad que no puedo olvidar. Así era Lola, una mujer valiente, adelantada a su tiempo, con una personalidad arrolladora.

El segundo fue la última vez que la vi personalmente, en el homenaje que le hizo Antena 3, entonces me dijo: "Rosa, me tienes que prometer que a mi hijo Antonio lo vais a tratar como a mi" y yo le dije pero ¿cómo le vamos a tratar mal? Y me dijo : "tú sabes por qué…". Nunca habíamos hablado de los problemas de Antonio pero entonces se sabían cosas pero no se contaban porque no se publicaban. Lola fue como un ángel protector para su hijo y su gran preocupación hasta el último momento fue qué pasaría con él. Ellos tenían una relación muy especial, muy estrecha".

CHARO REINA, UNA AMISTAD HEREDADA DE FAMILIA

Charo Reina es cantante y actriz. Sobrina de Juana Reina, su padre era hermano de la cantante, compartió con Lola una relación familiar y una amistad "heredada" que ha trascendido a sus hijas, Lolita y Rosario. Especialmente con Lolita tiene un vínculo muy cercano: sus respectivos hijos son amigos y ella fue una de las personas que compartió con la familia Flores el último gran acontecimiento familiar, la boda de Elena Furiase con Gonzalo Sierra, en Vejer de la Frontera, el 18 de septiembre del 2021.

Así describe Charo como fue su relación con Lola:
"A Lola no puedo decirte exactamente cuando la conocí porque ella y mi tía Juanita eran muy, muy amigas, y yo siempre estaba pegada a mi tía Juana. Desde que era una niña recuerdo que Lola iba a "El Cerro", la finca que tenía mi tía Juanita en Brenes (Sevilla), ella iba incluso estando mi madre embarazada de mi. Siempre hubo relación y amistad.
Ellas nunca trabajaron juntas pero sí coincidieron en algún festival benéfico, se admiraban y se querían mucho, era una amistad familiar, se consideraban casi familia. Conocer a

Lola era amarla, quererla y respetarla; no sólo a nivel artístico sino a nivel humano, como persona era extraordinaria. En el escenario era todo temperamento, con esa fuerza en la mirada. Mi tía Juana quizás tenía una forma de ser más discreta, más introvertida, pero era un cascabel, tenía mucha alegría y las dos compartían sentido del humor, les gustaban las mismas bromas, las mismas gracias, se reían juntas de muchas cosas. Cara al público Lola era mucho más extrovertida y Juana más introvertida.

Con Lola he compartido muchos momentos con grupos de amigos, cenas, ella me llamaba "Chari", que es la forma en la que me llaman en familia, yo también llamo Loli a Lolita, pero Lola tuvo un detalle conmigo que nunca podré olvidar. A Lola le ofrecieron un papel en la película que llevaba toda la vida esperando, donde no tenía que cantar ni bailar, en "Los Invitados", basada en la novela de Alfonso Grosso del mismo nombre inspirada en el conocido como "Crimen de los Galindos", que tuvo lugar en un cortijo andaluz (Paradas, Sevilla) en 1975. Era la oportunidad de demostrar ese talento que también tenía, como Ana Magnani, a la que siempre mencionaba.

Ella tenía uno de los papeles principales, la capataza. En el reparto estaban también Amparo Muñoz, Pablo Carbonell o Idilio Cardoso. A mi me llamaron para hacer de su hija en la película y la llamé para contárselo, ella se volvió loca, estaba tan feliz como yo. Me dieron mi guion y me pasé todo el verano preparando el papel. Cuando me llaman para firmar el contrato, a sólo unos días de empezar el rodaje me comunican que mi papel se lo habían "tenido que dar" a otra persona y me querían ofrecer una pequeña colaboración en una escena. Yo entonces les dije que en esas condiciones no aceptaba. Me llevé una gran decepción y llamé a Lola para contárselo, enseguida ella reaccionó, incluso me dijo que iba a decir que ella tampoco lo haría y llamó a la productora pidiendo explicaciones. Finalmente no pudo hacer nada pero como ella era una leona con su gente me dijo:

-"No he podido arreglar esta injusticia pero ellos te van a tener que ver todos los días en el rodaje y van a tener que mirarte a los ojos porque no te vas a separar de mi lado en todo el rodaje"

Y así fue, me tenía a su lado todos los días, el rodaje se hizo en Carmona (Sevilla), ella se quedaba en El Parador de Carmona, con su fiel Carmen Mateo, y me llamaba todos los días para que fuera. Estaba a su lado en maquillaje, en los ensayos, en el rodaje, y cada vez que pasaba el productor me daba un beso. Hizo justicia a su manera, decía: "Han hecho una injusticia contigo pero se les caerá la cara de vergüenza porque se lo recordaré todos los días y tendrán que mirarte a la cara". Era una persona muy, muy especial, tremendamente protectora y leal con los suyos, por eso se la echa tanto de menos, siendo tan grande como artista era la más humilde y la de corazón más grande.

También vivimos una anécdota muy simpática en un camino del Rocío, cada una iba con su organización en una carriola, ella me vio de lejos y empezó a llamarme y me dijo:

-"Hija vamos a tomarnos algo juntos, que no te he podido ver tranquila, que ná más que sabemos comer y beber… y esto es una peregrinación, es un sentimiento religioso antes que nada, así que vamos a representar un pasaje de la Biblia".

Y yo le contesté: "Me pido a la Magdalena"

Y ella enseguida dijo: "La madre que te parió Chari, siempre te llevas el mejor papel".

Y todo el mundo estalló en carcajadas. Ella era la chispa, la gracia en persona. Nuestra amistad empezó por nuestras familias pero se fue estrechando con el tiempo y también con sus hijos, Loli, Rosario y Antonio, entre nosotros había mucho cariño. Cuando éramos más jóvenes yo vivía en Sevilla y ellos en Madrid pero cuando venían a la Feria nos veíamos en la caseta de González Byass, venían en Semana Santa y nos veíamos, aunque yo fuera macarena y ellos trianeros, y en el Rocío también coincidíamos. Cuando yo me marcho a vivir a Madrid es cuando empezamos a tener un contacto más diario, con nuestros hijos, incluso a Elena yo la llamo "mi niña". Estábamos muy unidos, hasta el punto que desde que Antonio murió me quité el reloj y no he vuelto a utilizarlo, como homenaje a él. Cuando nos reuníamos en su cabaña y pasaban las horas, yo miraba el reloj y él me decía:
-"¿Por qué te domina el tiempo? Deja que te domine el corazón y no el tiempo, ¿qué más da la hora que sea?". Esa era su concepción del tiempo. Con Lolita la relación luego ha sido más estrecha porque somos de la misma edad y mi hijo el pequeño, Fran, es de la misma edad que su hijo Guillermo y cuando eran niños siempre estaban juntos".
Sobre su papel en la película "Los invitados" declaró Lola:

"Hago el papel de una mujer andaluza muy dicharachera, un personaje lleno de matices; con este personaje inicio una segunda etapa de mi vida. Cuando leí el guion me gustó tanto que tuve miedo de que me lo quitaran. Acepté volver al cine por lo que me gustó. Antes de morirme tengo que hacer una película como Ana Magnani. Me gustaría hacer una película con toda mi familia, como "Los Tarantos".

La película estuvo nominada en 1988 al Goya a la Mejor música original, compuesta por Raúl Alcover. Lola había conocido a Amparo Muñoz porque en 1983 había mantenido una relación con su hijo Antonio. La malagueña, que tenía entonces treinta años, siete más que el hijo de la cantante, y que fue elegida Miss Universo en 1974, recordaba bien su primer encuentro con Lola:

"Nos conocimos en una película y enseguida congeniamos. Era una persona que tenía mucho que dar". (Se refería al rodaje de "El balcón abierto" de Jaime Camino, sobre textos de García Lorca)

Aquí nació
Lola Flores
Febrero-MCMLVII.

Capítulo 1

JEREZ 1923, SUENA LA MARCHA REAL AL ACORDEÓN AL NACER LOLA

María Dolores Flores Ruiz nació en la Calle del Sol número 45 de Jerez de la Frontera. Era 21 de enero, domingo, las doce en punto de la mañana. El padre de Lola tenía un bar que se llamaba "La fe de Pedro Flores" y en el piso de arriba, en el dormitorio de sus padres, vino Lola al mundo. Al conocer la noticia, los clientes del bar se arrancaron a tocar la Marcha Real con el acordeón. La casa está en el barrio de San Miguel, junto al Cristo de la Expiración y cerca de la capilla de la Virgen de la Yedra. Curiosamente en su partida de nacimiento, Lola Flores fue inscrita el 2 de febrero, pero ella siempre celebró y reconoció como fecha de nacimiento el 21 de enero. En sus Memorias, dictadas a Tico Medina, da como fecha de nacimiento el año 1928, pero en su partida de bautismo y su certificado de matrimonio, documentos oficiales, figura como fecha 1923. Lola siempre fue muy coqueta con su edad. La mayor de una familia de tres hermanos, sus padres, Pedro Flores Pinto, de la Palma del Condado (Huelva) y su madre, María del Rosario Ruiz

Rodríguez (1901-1989), de Sanlúcar de Barrameda no eran gitanos, pero el abuelo materno Manuel, vendedor de aceite, si lo era.

Pedro Flores era de baja estatura, y en las escasas fotos familiares de Lola siendo niña, su madre siempre aparece sentada y él de pie. Lola aseguraba que era "corto de estatura pero enorme de corazón". Según le contó a su hija quiso ser torero pero su falta de estatura se lo impidió. Entre los vecinos era conocido como "Perico el Comino". Conoció a su mujer en un hotel de Jerez en el que él trabajaba de camarero y la madre de Lola ayudaba a una tía suya con la que sus padres, que por entonces vivían en Sanlúcar de Barrameda, la habían dejado. Rosario era una mujer guapa y llamativa, cantaba muy bien, incluso saetas, pero en la intimidad familiar. Su marido le regaló una máquina de coser que pagó haciendo muchísimas horas extras al casarse.

Lola fue bautizada en la parroquia de San Miguel, en el barrio del mismo nombre. Esta iglesia, del siglo XV y de estilo gótico, cuya torre es el punto más alto de la ciudad, es Monumento Artístico Nacional desde 1931. San Miguel es un barrio flamenco, con solera, cuyo origen se remonta al siglo XV. Por su calles creció Lola, y también son de este barrio la Paquera, Antonio Chacón o Parrilla de Jerez. Además de la Iglesia de San Miguel destacan en el barrio la Capilla de la Yedra y la Plaza de las Angustias.

Tras Lola llegaron a la familia Manuel (1933) y Carmen (1936). Su hermano, con el que ejercía de madre, falleció a los dieciséis años por una peritonitis. A los cuatro años Lola ya se subía encima de las mesas del bar de su padre a bailar mientras su madre, que era modista, le cantaba. Admiradora de Imperio Argentina su primer nombre artístico fue Imperio de Jerez. Dio clases en distintas academias de baile, en Jerez y Sevilla, según ella misma relata:

"En la academia de María Pantoja de Jerez di mis primeros pasos de baile, y luego estuve en la de Realito en Sevilla. Tenía 12 años, porque vivimos un tiempo en Sevilla, siempre he vivido a caballo entre las dos ciudades. A los dos años y medio me vine a Sevilla con mis padres pero en los veranos iba a Jerez con mi abuela; me crie entre dos ciudades.
Desde niña fue creando su propio estilo, ella observaba y luego se dejaba llevar: - "Yo también iba a la academia pero luego hacía lo que me daba la gana, lo mío era intuición y bailaba según mi estado de ánimo".

Los inicios fueron muy difíciles pero Lola nunca se rendía:

"He tenido mucho corazón y también mucho tesón porque me ponían muchas zancadillas. Recuerdo irme muchas veces llorando desde la academia a mi casa. Empecé bailando por alegrías y por bulerías, hay muchas bailaoras de tronío que se pierden bailando por bulerías, pero después empecé a cantar, me gustaba expresarme así, y hacía las dos cosas cantaba y bailaba"

Lola también tuvo entre sus referentes artísticos a Pastora Imperio de la que decía:

"Cuando conocí a Pastora Imperio quedé impresionada, yo era una chiquilla, y ella ya era mayor. La he visto muchas veces, charlaba con ella, me contaba historias de la gente que la admiraba y que ella amó. Estábamos en reuniones, ella tendría unos 70 años y yo era una chiquilla, y me decían que saliera a bailar y así hacía, recitar y bailar, y ya cogí mi personalidad".

Entre sus referentes artísticos también se encontraban Miguel de Molina y Estrellita Castro:

"Los artistas nos admiramos mutuamente como admiré con toda mi alma a Carmen Amaya, como ella no saldrá nadie. También a Juanita, y a Rocío, con una voz privilegiada. Hay artistas , hay canciones, hay voces , hay manos y estilo..."

El padre de Lola era un hombre inquieto que cambiaba de vivienda y negocio con frecuencia. Vendió el bar y se trasladó en la misma calle a un local que a Lola le gustaba definir como "taberna", y que tuvo por nombre "Los Leones". Y allí ante los clientes, su padre la animaba a bailar por bulerías. De Jerez, la familia Flores marcha a Sevilla en compañía de "El Chaqueta". Estuvieron viviendo en un tablao de la Calle Sierpes y cambiaron de casa varias veces. En una ocasión, recalaron cerca de la Hermandad de los Gitanos, a la que tanta devoción tenía Lola, y en otro traslado fueron a dar a la Calle Sol (nº 81,5ª piso), homónima a la calle que vio nacer a la artista en Jerez. Por esa época, empieza a ver espectáculos en el Teatro El Duque. Pero antes, siendo aún niña, Lola pasó una racha delicada de salud que el doctor Bolaños diagnosticó como "amebas en el intestino". Muy nerviosa e inquieta cuando jugaba siempre pedía que la llamaran "Carmela", quizás por su gran admiración por Carmen Amaya.

También en Sevilla el padre de Lola tuvo un bar en la Calle Oriente (hoy Luis Montoto), en frente de la Clínica Santa

Isabel . Allí vivían , en una casita con jardín, donde se ponían las mesas del bar y su madre se encargaba de alquilar habitaciones a la gente de los pueblos que tenía algún familiar ingresado en el hospital.

Como Lola no iba bien en el colegio comenzó a recibir clases en casa de un profesor particular , que era anarquista , y a su padre le criticaban los vecinos por la ideología política del profesor.

Cuando tenía diez años, después de perder a una hermana, su madre da a luz a un niño que nació en La Cruz Roja de Triana. Lola deja el colegio para ocuparse de él. Su hermano la llamaba Tata. Unos años más tarde regresan a Jerez.

Padres

Capítulo 2

A LOS 16 AÑOS DEBUTA EN EL TEATRO VILLAMARTA DE JEREZ (1939)

Su debut profesional tuvo lugar el 10 de octubre de 1939, cuando tenía dieciséis años. Fue con la compañía de Custodia Romero en el espectáculo "Luces de España" y en el teatro Villamarta de Jerez como escenario. Entonces se anunció en los carteles de esta manera: "Lolita Flores Imperio de Jerez, joven canzonetista y bailarina".

Al año siguiente, 1940, rodaría su primera película "Martingala" con sólo 17 años (Lola dice en distintitas entrevistas que fue a los 13 años) y la gente empieza a hablar de ella como de "una chiquilla que viene de Jerez y se llama Lolita Flores". Entonces su referente era Imperio Argentina. Quería ser como ella.

También en 1940 graba su primer disco: era de pizarra y tenía dos temas de Genaro Monreal, en cuya academia se estaba preparando. En la cara A, cuatro sevillanas, y en la B, el tema "Pescaero".

En 1942 se presenta en Madrid con el espectáculo "Cabalgata" de Mari Paz, en el Teatro Fontalba. Allí estrenó la canción "El Lerele" (de Genaro Monreal y Francisco Muñoz), que tuvo que repetir hasta tres veces ante el público, según recogen las crónicas de la época. Pero Lola recuerda que antes de que la contrataran lo pasó muy mal porque acudió al casting sin voz:
"Cuando llegué con el maestro Quiroga para el espectáculo "Cabalgata" de Mary Paz no tenía voz, venía harta de trabajar de los cafés del norte, hacía cuatro shows, no mi hicieron ni caso. Quiroga y Rafael de León me querían mucho y dijeron que saliera para cantar eso de Monreal, porque el espectáculo era de Mary Paz. Salió Lolita Flores de Jerez, cantando entre decorado y decorado, y todos de esmoquin se pusieron de pie, tuve que cantarlo tres veces. Después de cantarlo tres veces en el camerino casi me dio una convulsión. Esa canción jamás la podré olvidar"

A Mari Paz la recordaba Lola de esta manera en sus Memorias:

"Era una mujer guapísima, muy inteligente, una bailarina excepcional, que murió muy joven con 23 años. Me da mucha pena que todo el mundo la haya olvidado, sólo Rafael de León y yo vamos al cementerio a ponerle flores" .

Aquellos comienzos fueron muy duros y los recordaba con Carlos Herrera en su programa "Las coplas"(1990)

"Desde que empecé fue una lucha constante. Ahora hace un disco cualquiera, en mi época era todo poquito a poco. Teníamos que coger las maletas para ir por los pueblos. Mi madre cogía las pensiones con derecho a cocina. Pero también es muy hermoso porque luego piensas que todo te lo has ganado a pulso, he puesto a la gente de pie en España, en América y en Europa también. Lo que hay que tener es vocación porque cuando estás más satisfecha trabajando en un teatro te sacan para meter a otra, eso me lo hicieron a mi. Me iba llorando desde la Gran Vía hasta Juan Bravo y me decía mi pobre madre, tú no llores hasta que yo me muera, y yo seguía al pie del cañón".

El episodio más triste que vivió Lola y que marcó profundamente su vida en lo personal fue la muerte de su único hermano, Manuel con sólo 16 años por una peritonitis. Lola empezaba a despuntar en su profesión y ya había rodado sus primeras películas, el éxito empezaba a sonreírle, pero una vez más tenía que hacer frente a una tragedia personal. Aquel hecho fue decisivo para afrontar la ruptura definitiva con Manolo Caracol.

Capítulo 3

MANOLO CARACOL (1942-51): "SIN MI NO SERÁS NADIE"

Lola pide al empresario Adolfo Arenaza, con el que reconoce haber tenido una relación en sus Memorias, que le monte un espectáculo y contrate a Caracol para que le cante. Ya se habían conocido en Jerez, y es ella, principianta, quien contrata a la estrella. Cuando habla del Cantaor lo hace sin rencor , aunque con él vivió momentos complicados:

-"Con él aprendí muchísimo, lo bueno y lo malo. Era un hombre que adoraba el teatro y cantaba para sí mismo, aunque hubiera dos filas de butacas, él cantaba como si estuviera lleno. Un ser especial, un monstruo sagrado de verdad"

En 1943, empiezan a girar con "Zambra", Caracol cobraba 500 pesetas diarias. Se estrena en Valencia y en Madrid en el Teatro de la Zarzuela el 18 de Febrero de 1944. Era un espectáculo musical de flamenco y copla que estuvo varios años vigente, con letras de Quintero, León y Quiroga, y donde se hicieron populares "La niña de fuego" y "La Zarzamora". El éxito fue tal que Lola y Caracol terminaron siendo también empresarios, del teatro pasaron al cine. Llegaron a rodar juntos dos películas, "Embrujo" (1947) y "La niña de la venta" (1951), pero a partir de ese momento se separan artística y personalmente. Lola sigue su carrera en solitario y pasa con gran éxito del teatro musical al cine. Será el inicio también de su etapa americana y de su alianza con el empresario Cesáreo González.

La relación profesional con Manolo Caracol hizo crecer artísticamente a Lola, pero en la parte personal sufrió mucho. Siendo muy joven conoció la parte oscura de la vida y ella así lo contaba en una entrevista en 1990 en Canal Sur Televisión en el programa "Tres más una" entrevistada por Andrés Aberasturi, José Luis Garci y Antonio Fraguas "Forges"en la que hablaba de Manolo Caracol:

"Yo hubiese terminado como él, aunque gracias a Dios tuve sentido común aunque era muy jovencita, tenía 16 años, pero me tomaba los vasos de coñac como él y no me acostaba, trabajaba dos funciones y no me acostaba ... Era un hombre muy difícil de llevar. Tuvo una enfermedad de los huesos, se fue encogiendo, no se cuidó nada. En el mundo de los artistas, en la noche, ha habido de todo pero antes se hacía con más pudor, sin exhibirse... Yo estaba con una venda en los ojos, muy enamorada de él y me lo hizo pasar muy mal, hasta que me di cuenta. No disfrutaba de mis éxitos, cuando la gente me felicitaba a él le sentaba mal. Tuvo muchos celos artísticos, también los tuvo después de sus hijos, con su hija Luisa. Recuerdo en una ocasión que le presentaron a Rafael Farina en Salamanca, él tendría unos 17 años, y le cantó dos o tres fandangos que no se podía resistir y él dijo muy seco , está bien, canta bien".

Contaba Lola en sus Memorias que tuvo que escuchar de su boca muchas veces una frase lapidaria: "Sin mi no eres nadie, sin mi no serás nada". Pero Lola, tras casi una una década de unión, pone fin a la relación y es su primera gira americana la que la ayuda a poner distancia física y materializar la ruptura, algo que su familia le pedía desde tiempo atrás. A pesar de los momentos difíciles la cantante supo cerrar página sin resentimiento y al recordarlo decía:

"Yo me tiro por el suelo por un hombre del que haya estado enamorada, lo que sea, no me importa, lo que sea… si me tengo que meter por un cristal o pasar un puente, sabiendo lo que me va a pasar, me meto. Ahora cuando llego al precipicio, una servidora da los tres pasos pa atrás"

Madre y Hermana

Capítulo 4

CESÁREO GONZÁLEZ: CONTRATO DE ESTRELLA Y PADRINO DE BODAS

Firmar un contrato con Cesáreo González, propietario de Suevia Films, supone el lanzamiento internacional de Lola como artista y marca un nueva etapa en su vida. La empresa de Cesáreo se había fundado en 1940, en La Gran Vía, 66 de Madrid. El productor estuvo presente en casi 150 películas durante unos cuarenta años. El empresario gallego además había sido futbolista en México y Presidente del Celta de Vigo (1934-35), posteriormente dirigió la Federación Gallega de Fútbol. Sus vínculos con Latinoamérica quedaron establecidos primero a través del fútbol y después por la industria cinematográfica. A él se le atribuye el término de "españoladas", las películas que fomentaban los estereotipos y que se convirtieron en la forma de materializar la nostalgia de muchos españoles. La propia Lola adoptó este término y declaraba en numerosas entrevistas que había "españoleado" por todo el mundo.

El fichaje de su nueva estrella cinematográfica supuso también la utilización del marketing. Firmaron en el museo Chicote ante un gran número de periodistas, convocados por el empresario, y las cámaras de televisión del NO-DO. El contrato, en exclusiva, tenía una cuantía de seis millones de pesetas, además de un broche de brillantes con forma de clavel. Incluía hacer cine, televisión, teatro y comprendía una gira por América. Lola reconocía en sus Memorias a Tico Medina que aquello fue lo que "me ayudó a despegarme de Manolo Caracol y vivir por mí misma".

Aquel contrato, por tres años y cinco películas, supuso que la artista comprara un piso en la calle Ramón de la Cruz, un Cadillac, y retirara definitivamente a su padre. La colaboración profesional se alargó a un década durante la que Lola rodó 18 películas, el ritmo de trabajo para la artista era frenético y recordaba como había días que "estaba con la flor en la cabeza desde que me levantaba hasta que me acostaba".

Rodaron en 1951 "La niña de la venta" (con Manolo Caracol, sería su última colaboración profesional juntos) y 1953 "¡Ay, pena, penita,pena!".

El primer viaje a América duró dos años, Lola tenía 27 entonces, y la acompañó toda su familia. Lo contaba así ella misma:

"La primera vez que fui a América me llevé dos años: México, La Habana, Uruguay, Buenos Aires… mi madre acabó haciendo papas fritas con tomate en el hotel encima de una maleta. Cuando fui a Nueva York me marché con mis padres, mi hermana Carmen que tenía 14 años, el guitarrista, Faico, y mi tata y un representante de Sevilla que se llamaba Palmita. Mi padre llevaba un pájaro en una jaula con botellas de aceite… al llegar a Brasil unas comidas muy raras".

El cine y Latinoamérica fueron los dos objetivos de Lola en esta etapa de su vida. Cesáreo González marca una nueva etapa en su vida hasta el punto que llegaría a ser el padrino de su boda con Antonio González "El Pescaílla".

Capítulo 5

ANTONIO GONZÁLEZ, EL HOMBRE CON EL QUE SE TENÍA QUE CASAR

Una vez convertida en estrella de cine, su vida sentimental también se convirtió en interesante para la prensa y sus seguidores. Ella era consciente, no se escondía y siempre habló con claridad sobre ello. Lo que tenía presente es que no dejaría su profesión, fuera quien fuera el hombre que estuviera a su lado. Su independencia profesional era un valor que defendía en un momento en el que socialmente las mujeres se "retiraban" para casarse y dedicarse a su familia. Lola al hablar de su vida amorosa decía:

-"En mi vida hubo muchos hombres pero ninguno valió la pena. Con alguno me quise casar y me dejaron para casarse con otras. Pero yo nunca dejé mi arte, eso iba por delante… Hubo un torero y un futbolista, pero no diré nombres. Al torero lo quise mucho y es muy amigo mío, y también su familia".

Entre los hombres a los que amó Lola se refirió a Gerardo Coque o Gustavo Biosca y en sus Memorias le dice a Tico Medina:

"He contado todas mis vivencias, las cosas o se hacen bien o no se hacen, ha sido como una confesión. He contado incluso cuando perdí la virginidad, pero sobre todo está re flejado el trabajo que me costó ser estrella, la ayuda de mis padres, mis amores. Hay muchas cosas en la vida, otras se las callan y yo las cuento. Lo único que he respetado es no hablar mal de nadie. Ni mi marido ni mis hijos han dicho nada porque ellos ya lo sabían por mí".

Lola era incapaz de pedir permiso y de mantenerse en silencio, cuando decide casarse con Antonio González, gitano catalán, en octubre del 57, sentencia:

"Me casé en el momento justo con la persona que me tenía que casar".

Antes de esa boda celebrada de madrugada en El Escorial, la pareja había estado en el festival de Venecia, allí conocieron a Winston Churchill y a Orson Welles, después viajaron a Roma. Lola era una estrella de cine y como tal era recibida, actuaba haciendo gala de una libertad entonces inexistente para una mujer de estado civil "soltera".

Como contrapunto a esta actitud sorprendente en esa época, "La Faraona" hablaba así de su vida familiar y la forma de estar en su casa:

"En mi casa soy una mujer muy normal mi marido es el patriarca, el rey, el dueño de la casa. Estoy con mi bata, mis zapatillas, mi cara lavá, muy cómoda. Estoy cómoda, y si tengo ganas de acostarme, se lo digo a los amigos que vienen, porque estoy muy cansada de tanto trabajar. Soy muy normal en casa, aunque con un gran temperamento pero soy fácil de llevar, soy acuario y nos llevamos bien con todos los signos. Y soy una mujer noble de buenos sentimientos, no soy ninguna déspota"

Lola se casa con Antonio González el 27 de octubre de 1957 en el Monasterio de El Escorial. Los padrinos fueron Césareo González y la actriz Paquita Rico. Aunque fue muy reducida entre los invitados estuvieron Carmen Sevilla, Vicente Parra o Pedro Chicote. Lola fue original hasta para su traje de novia, diseñado por Asunción Bastida una de las firmas más reconocidas de los años 50. Era un modelo corto y de color gris perla, con guantes y zapatos a juego , tenía encaje y llevaba mantilla. Asunción también le diseñó el camisón para su noche de bodas.

La ceremonia religiosa se celebró a las seis de la mañana para intentar que fuera lo más discreta posible, Antonio tenía una hija con Dolores Amaya, con las que vivía en Barcelona cuando conoció a Lola. Siete meses después nació la primera hija del matrimonio, Lolita. Lola contó en la serie "El coraje de vivir" , dirigida por Luis Sanz y emitida en Antena 3, que supo de su embarazo en ese viaje que hicieron a Roma antes de casarse:

"Cuando llegamos allí tuve la primera falta de Lolita. ¡Iba a ser madre!. Estaba embarazada y era la mujer más feliz del mundo"

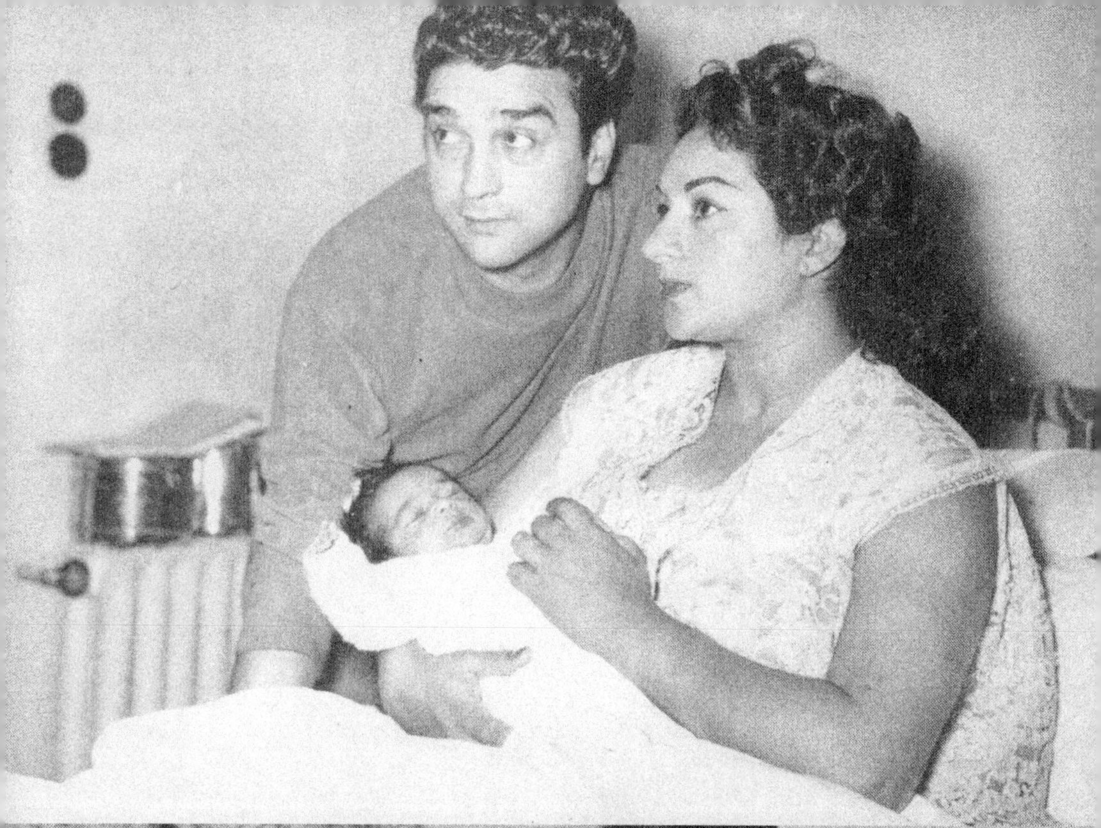

Capítulo 6

LA VIDA FAMILIAR Y LOS TABLAOS MADRILEÑOS, CARIPÉN

Lolita nació en 1958, Antonio en 1961 y Rosario en 1963. La hija mayor de Antonio, que lleva su nombre,Antonia, creció muy unida a sus tres hermanos y en la primera aparición pública que hizo junto a Lolita, en el programa "¡Qué tiempo tan feliz!" presentando por Teresa Campos ,recordó que Lola había fomentando el vínculo entre los hermanos: "Todos los fines de semana íbamos a comer y ella era una mujer muy familiar que estaba pendiente de ti en cada momento para que te sintieras bien"

Lola y Antonio se embarcan también en el mundo de los negocios como empresarios, al frente de un tablao que se convierte en todo un símbolo de la noche madrileña de los años 60. Frente al edificio del Senado, en la Plaza de la Marina Española 4 de Madrid, montaron un tablao flamenco que se llamó "Caripén" que significa en el argot gitano "buen rollo". En la actualidad el local mantiene el nombre y es un restaurante que abrieron en el año 93 Daniel Bouté y su esposa, Francoise, especializado en cocina italiana y francesa. En los años 60-70 abundan las salas de flamenco en Madrid, el auge de los tablaos comienza en los años 50 y supuso una plataforma importante para el desarrollo de muchas figuras del mundo del flamenco. Supuso el paso intermedio entre el teatro y las fiestas privadas en los que los artistas cantaban contratados por los "señoritos".

Rocío Jurado también llegó a Madrid para trabajar en "Los Canasteros" , propiedad de Manolo Caracol y en "El duende" de Pastora Imperio y Gitanillo de Triana.

En Torres Bermejas tocaba Paco de Lucía y allí conoció a Camarón, en El Café de la Morería bailaba Antonio Gades. La mayor parte del público era nacional, artistas, representantes del mundo de la cultura, empresarios... Los tablaos dieron la posibilidad de profesionalizar el flamenco. Todos los grandes del flamenco pasaron por los tablaos de Madrid que fueron escuela de aprendizaje entre ellos, ya que los mismos artistas iban aprendiendo unos de otros.

Artistas, con contratos incluso de años, que trabajaron en los tablaos fueron: Paquera de Jerez, Gaspar de Utrera, Lebrijano, Cañeta, Fosforito, Farruco, María Vargas, Beni de Cádiz, Chato de la Isla, la Sallago, Dolores de Córdoba, Perla de Cádiz, Manolo Sanlúcar, Paco Cepero, Juan Maya "Marote", Romerito, Güito, Manuela Carrasco, Terremoto, Paco Toronjo, Camarón, Pansequito, José Mercé o Enrique Morente, entre otros.

A principio de los 70 había en Madrid dieciséis salas especializadas: Zambra, Arco de Cuchilleros, Los Canasteros, Las Brujas, El Café de Chinitas, La Venta del Gato, El Duende, Corral de la Pacheca, Torres Bermejas, Cuevas de Nemesio... Y el Corral de la Morería, que en 1963 llevaba 6 años funcionando. El flamenco fue declarado patrimonio de la Humanidad en el 2010.
Paco Cepero, compositor y guitarrista flamenco, que compartió tantas veces escenario con Lola recuerda sobre el tablao del matrimonio González-Flores:
"Aquello era la Capilla Sixtina del flamenco, el sitio de reunión para ver arte de verdad a las cuatro de la mañana".
Allí también encontraban los artistas el amparo y refugio tan necesario en las noches de trabajo y recuerdan algunos de los que trabajaron en Caripén:
"Todas las noches había una olla lentejas gitana para esa gente que trabajaba en tablaos, y no cobraban apenas. Sabían que podían ir las 4 de la mañana porque tenían un plato".
La abuela y la tía de Estrella Morente también pasaron por allí. Rosario era la mujer de Montoyita, el guitarrista de Lola, y su hija, Victoria 'La Globo', debutó con 13 años, así que Estrella Morente, vincula su dinastía flamenca a la de la familia de Lola:
"Nosotros pertenecemos a una generación fruto de esos encuentros de Lola con otros artistas. Si no hubiese habido lugares como el Caripén hubiese sido imposible que se hubiesen juntado esas almas, para crear, y para soñar".
Precisamente cuando Lola se entera de la muerte de Caracol en accidente de coche el 24 de febrero de 1973, a través de Pansequito, decide cerrar Caripén en señal de luto, por el hombre y por el gran artista que fue.

Capítulo 7

LA GACHÍ MÁS GITANA

Lola no era gitana aunque su sentimiento y su físico sí lo fueran. Su padre payo y su madre hija de un gitano vendedor de aceite. Ella, que se casó con un gitano y fue madre de gitanos, decía:

"Yo soy gitana de adentro, desde que era muy pequeña me he criado con los gitanos. Creo que mi abuelo por parte de madre era gitano, mi padre era de la Palma del Condado, era chiquitito pero tenía un corazón de gigante. Siento a los gitanos, sé las leyes, sé como hay que respetar la raza, el valor positivo que tienen, la nobleza. Lo perseguidos que han sido miles de años , no se ha sabido la personalidad de esta raza. No sólo canta y baila, el gitano tiene un sexto sentido que si hubiese tenido la cultura y el sitio que le han dado a los payos hubiese llegado a ser demasiado listo. Tiene una inteligencia y una vivacidad que cogen las cosas al vuelo.Tienen una gran fuerza interior. Ellos no llevan a sus hijos internos a los colegios, son familiares y tienen una filosofía: salud y libertad muy bonita. Es una raza muy especial"

Fernando Soto, artista, gitano de Jerez, la misma tierra de Lola, realizó un homenaje con un espectáculo dedicado a ella que presentó en Madrid, "La niña de la venta" (2016). También estuvo en Sevilla en el Teatro Quintero y en Jerez en el Villamarta. Además del homenaje musical mostraba en el escenario una bata de cola de Lola, realizada por Justo Salao. Acompañado de una orquesta, además de interpretar parte del repertorio de Lola , tenía un texto escrito por Lolita. Su admiración por su paisana viene desde la infancia:

"Lola murió cuando yo tenía 11 años, pero en Jerez se habla de Lola como si siguiera aquí, la quería todo el mundo, la juventud la adoraba. Lola siempre se adaptó a los tiempos y los tiempos se han adaptado a ella hasta después de muerta. Ella fue la primera en el rap y en el trap, ahora todos hacen lo que ella hizo en los años 60."

Sobre su peculiar sentido del humor y su gracia natural recuerda: "graciosos son los humoristas, Lola no. Ella hacía de todo, cantaba, bailaba, aunque no puedes juzgarla con 70 años lo mismo que cuando tenía 30, nadie la podía superar. Trabajó con mucha gente de Jerez como Diego Vargas o la Bastiana, que es la madre de Tomasito, de hecho Lola es su madrina artística".

Sin lugar a dudas fue la personalidad de Lola su sello de identidad y Soto afirma:

"Si hubiera tenido estudios habría sido Presidenta de España, aunque no es necesario tener estudios para ser un genio como ella, es imposible de imitar porque es única. En la copla tampoco perdía nunca el compás, sólo Marifé y ella iban a compás con la orquesta, en los ritmos. Era gachí pero parecía más gitana que yo, Lola se juntó con los gitanos y se hizo más gitana que los gitanos".

Y según Fernando los principios de la cultura gitana se resumen en : "dar paz y amor, querer mucho a nuestros mayores, nunca verás a un gitano en un asilo, respetar a nuestros niños y a nuestros mayores".

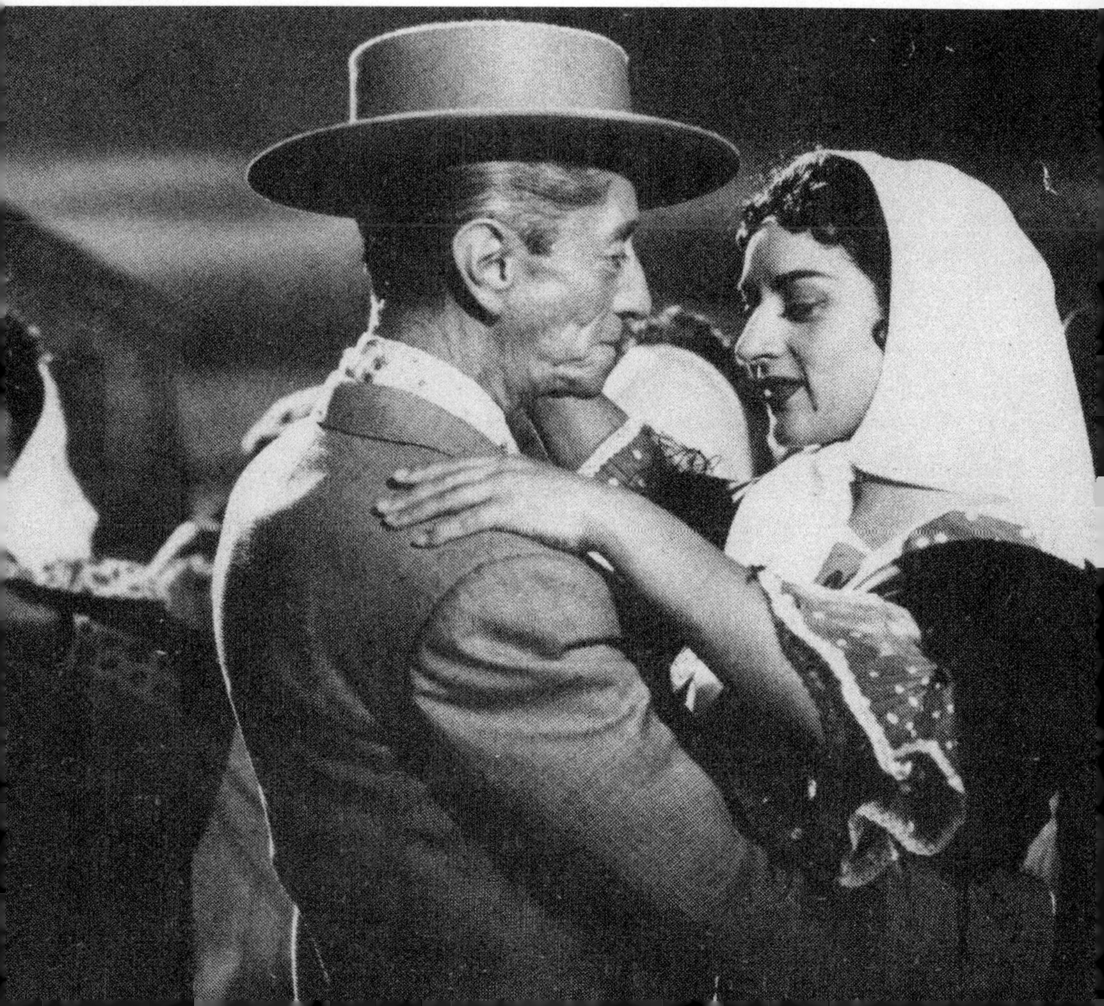

Capítulo 8

QUISO SER MARQUESA DE TORRES MORENAS

Curiosamente durante una temporada se habló de la posibilidad de que la artista recibiera un título nobiliario por su proximidad con la Casa Real española. Ella contaba a Tico Medina que acudía a bailar para los Condes de Barcelona en su casa de Villa Giralda, en Portugal ,en varias ocasiones y que esa amistad con ellos luego continuó con Don Juan Carlos y Doña Sofía. El rumor sobre la posibilidad de recibir un título fue recogido por la prensa pero, ni se materializó, ni hay constancia de que el título, "Marquesa de Torres Morenas", existiera.

La prensa de la época recogía el rumor y ella hace referencia a este título en sus memorias escritas por Tico Medina:

"En alguna ocasión se ha dicho que me querían hacer marquesa. Incluso buscaron el nombre y todo, que dicen que yo lo he dicho: Marquesa de Torres Morenas. Es un nombre muy bonito, parece de una obra de Gala. No sé si será verdad. Pero lo que sí sé es que si me lo ofrecen voy a decir que sí inmediatamente. Al Rey no se le puede decir que no, aunque ya después de lo de Hacienda, lo dudo. Claro que después de esto he estado en los santos de los Reyes, invitada especial más de una vez con mi marido Antonio, y siempre los Reyes me han saludado por mi nombre como si nada hubiera pasado. Esto está bien hecho. El Rey siempre debe estar por encima de todo".

Lola contó en una entrevista en Canal Sur Televisión a Andrés Aberasturi que no tenía gran interés en el título aunque si se lo concedieran "lo utilizaría para hacer algo grande por los gitanos que por esa raza se ha hecho muy poco todavía". Lo cierto es que en su familia hubo una persona que ostentó título, Marquesa de Casa Arizón, fue la hermana de su madre, Dolores Ruiz, que según contó ella y recoge Diario de Jerez, se casó con Salvador de Arizón, hijo del capitán del mismo nombre, nacido en Haití que recibió el título de marqués del rey Fernando VI tras combatir en las guerras de Marruecos, Cuba y Filipinas.

Capítulo 9

DE RODILLAS ANTE JULIO IGLESIAS Y ADMIRACIÓN POR ROCÍO JURADO

En 1990 se organizó una gala en Miami como homenaje a Lola que reunió por primera vez a toda su familia sobre el escenario. La gala se celebró en el J.L. Knight Center y se grabó en un disco que se llamó "Juntos por primera vez" y fue emitida por TVE.

Participaron varios de los artistas amigos de Lola, como Raphael, Celia Cruz, José Luis Perales, Olga Guillot, José Luis Rodríguez, El Puma; Rocío Jurado, Emmanuel, Chayenne y Julio Iglesias. Todos los artistas interpretan canciones a dúo con Lola Flores. Antes de la gala Julio ofreció en su casa una fiesta en su honor.

A Julio lo conocía Lola desde muchos años atrás, también había versionado su famosa canción "Hey", poniéndole el "sello Lola Flores" y convirtiendo la melancólica balada de Julio en una canción de garra y temperamento, como ella misma.

Una de las imágenes más impactantes fue cuando Lola se arrodilla ante Julio. Aquel momento televisivo histórico era descrito por Lola así en sus memorias por Tico Medina:
-"No era el producto de la emoción de aquel momento, sino de mi pensamiento más que de mi sentimiento. Quería rendirle homenaje público a ese gran artista de España en el mundo, que tanto había hecho por mi. Lo hice sabiendo lo que hacía, no fue un golpe de sangre, sino un reconocimiento. Y eso que soy una mujer que se ha arrodillado muy pocas veces, sólo antes mis Cristos, y ante mi médico, García Orcoyen, cuando le pedí: "Por Dios que no me quites el pecho si tengo cáncer, que Lola con un solo pecho no sería Lola Flores".

Lola presentó a Julio, con un vestido dorado, diciendo:
"España ha puesto una bandera doble con un hombre que se ha sacrificado en todo para llegar a la meta que se propuso, ese es ese caballero español y amigo mío, Julio Iglesias". En ese momento La Faraona se pone de rodillas en el escenario para recibir a Julio y él entra echándose una mano a la cabeza y se arrodilla ante ella también para abrazarla y levantarla.

El homenaje a Lola en Miami fue organizado por el cordobés Tomás Muñoz, uno de los directivos de la industria discográfica más relevantes en ese momento.
Con Rocío Jurado también tenía Lola una relación muy es-

pecial, en lo profesional se admiraban mutuamente, a ella le dedicó Lola en televisión la célebre frase: "eres una piedra dura de Chipiona", en alusión a las piedras ostioneras características del pueblo natal de Rocío con la que se construyó el Faro de Chipiona, el más alto de España. Fue en el año 94 y en el especial que le dedicó Antena 3 un homenaje en el que ella no actuó, fue un año antes de morir.

Lola conocía bien Chipiona donde tenía a unos grandes amigos, Manuel Picoco y su mujer, Sole, con los que tenía una relación familiar.

La última actuación de Lola tuvo lugar en el programa "Ay Lola , Lolita , Lola", fue quince días antes de morir, tuvieron que cambiar el escenario para que Lola cantara sentada, ella era consciente de su estado y le dijo a uno de sus representantes: "Recuerda bien este momento porque me estoy muriendo y dentro de un momento voy a salir al escenario"

Capítulo 10

HACIENDA LA CONVIERTE EN PINTORA

Los problemas de Lola Flores con Hacienda suponen uno de los episodios más tristes para la artista y tuvieron una gran trascendencia social y mediática. Fue procesada por cuatro presuntos delitos fiscales al no presentar la declaración de la renta los años 81, 82, 83 y 84. Se le reclamaba una cantidad de 53 millones de pesetas. La juez de Instrucción número 20 de Madrid, Felisa Atienza, decidió el 7 de octubre del 87 su procesamiento y Lola supo la noticia mientras estaba en Sevilla para actuar en el Teatro Maravillas, tenía una entrevista en el centro territorial de TVE.

Se le impuso una fianza de 145 millones de pesetas y para poder pagarla se vio obligada a vender su piso de la Calle María de Molina y se le embargó un terreno de mil metros cuadrados en la Cuesta de las Perdices de Madrid

En Marzo de 1989 fue absuelta por la Audiencia Provincial de Madrid de un presunto delito fiscal aunque después el Tribunal Supremo la condenó a 16 meses de prisión y una multa de 28 millones de pesetas . La Audiencia Provincial consideró en su día que no podía juzgar a la cantante por el vacío normativo provocado tras la sentencia del Tribunal constitucional de Febrero de 1989 que declaró nulos los artículos de la ley del IRPF referidos a las acumulación de rentas en el matrimonio.

Aquel episodio influyó muchísimo en su estado anímico y contaba :

"Si no hice la declaración fue porque no pude, no hice trampa, quiero pagar soy una ciudadana más, pero que no me hablen de cárcel... que he tenido unas depresiones muy grandes. Pienso que me han cogido de conejillos de Indias, de chivo expiatorio como dicen en América. Una mujer que ha luchado tanto en la vida, tan buena persona, tan noble, ¿cómo va a ir a la cárcel?. Sé que me pondría millonaria, pero no quiero ir a la cárcel, quiero mis principios... creo que no lo merezco , deberían hablar conmigo y llegar a un arreglo... 300 millones no tengo."

Posteriormente, en una entrevista al periodista Joaquín Petit en el programa "Adivina quien viene esta noche" de Canal Sur (1989) anunció que iba a escribir sobre esta experiencia en un libro que se iba a llamar "Lo que pasé en el banquillo chiquillo". El libro no llegó a publicarse.

En esta época también pronunció una de sus frases más célebres que después le dio muchos quebraderos de cabeza ante las numerosas críticas recibidas: "Si cada español me diera una peseta quizás saldría de la deuda…" A día de hoy hay quienes dicen que fue la precursora del Crowfunding y hasta en esos momentos supo encontrar una frase que pasaría a la posteridad:

"Todo el mundo sabe que ya no soy Lola de España, ahora soy Lola de Hacienda, así que le pido a todos los contribuyentes que paguen".

Curiosamente en el 89 salía también el disco de Camarón "Soy gitano", del que se vendieron 50.000 copias y supuso una auténtica revolución. El final de la década de los 80 fue dura para Lola, además del juicio de Hacienda perdió a su madre, que vivía en Jerez, a los 87 años, vivió la separación de su hijo Antonio y Ana Villa, padres de su nieta Alba, y se sometió a una operación muy delicada para extirpar unos quistes en la axila.

Según declaró en su día a la prensa, Lola se hizo pintora "gracias a Borrell" , entonces ministro de Hacienda. Sus cuadros, llenos de colorido, con escenas sencillas y estilo naif empezaron a venderse, y encontró una vía de ingreso para poder saldar sus deudas con Hacienda.

Tras exponer en Madrid, el dueño de una galería sevillana, Fernando Rodríguez, junto a Miqueta Osborne se pusieron en contacto con ella para una exposición, al explicarle que el local estaba muy cerca de la Plaza del Gran Poder , enseguida dijo que sí.

Entre estos cuadros había uno que se llamaba "Toda la verdá", que representaba un momento del juicio, aparece ella de espaldas declarando ante el juez escoltada por dos guardias civiles. Otra temática en su pintura era la Semana Santa de Sevilla, la Feria de Abril de Sevilla, la Feria del Caballo de Jerez, la Romería de la Virgen del Rocío, los toros, su familia y su vida artística.

Expuso en Barcelona y en Miami. Su estilo naif llamaba la atención

1990

Capítulo 11

FRASES PARA LA HISTORIA

Lola era "una máquina de dar titulares", muchas son sus frases célebres que han perdurado en el tiempo y han pasado a formar parte incluso del léxico coloquial. En todas sus entrevistas conseguía mantener la atención con su forma de expresarse. Algunas de sus frases más conocidas están recogidas aquí y también comentarios de Lola que siguen provocando sonrisas, emoción o sorpresa a día de hoy:

-"Si me queréis irse"

-"El brillo de los ojos no se opera"

-"Si tengo que morirme ahora me gustaría que fuera en el escenario, tengo más fuerza que Chernóbil".

-"Me gustaría incluso dirigir, tener un teatro, y me voy a morir con la pena de no ser como Lina Morgan que se ha comprado uno"

-"Yo me emborracho de bulería, de cante bueno y de alegría"

-"Si Federico Lorca hubiera vivido yo sería su musa"

-"Me gustan los hombres que hablen poco, como mi marido, porque para hablar ya estoy yo"

-"Michael Jackson me gusta, es un gitano canastero con arte, un artista con el que se vibra"

-"Rocío Jurado es una fuera de serie, con su voz no necesita nada más, aunque está acostumbrada a llevar grandes montajes en América"

-"Isabel Pantoja tienen nombre y canta muy bonito, la gente la quiere, es una muchacha que ha sufrido muchísimo, pero Rocío me gusta más, tiene temperamento y una voz y también está María José Santiago, que es paisana mía y canta la copla y flamenco"

-"He sufrido tanto siendo una mujer con tanto temperamento, la graciosa Lola, la temperamental Lola... pero Lola ha llorado mucho también".

-"He sufrido y he llorado mucho, me he caído muchas veces, la vida te da muchos palos y hay que sobreponerse a todo. He tenido unos padres maravillosos que no han sido nada egoístas y me ayudaron mucho a realizar mi sueño de ser artista"

-"Mis hijos para mi son lo más grande del mundo y mis

nietas, yo me cambio por mis nietas. Le pido a Dios doce o trece años para ver a mis nietas"

-"Sin silicona, sin operaciones, sin las cosas que se llevan ahora.., fíjate como estoy , todas dicen que soy mayor y ellas parecen mis tías"

-"Yo me lo he pasado de maravilla y los maduritos tenemos mucha marcha"

-"Me llaman Lola de España. Puedo presumir de ser muy psicóloga"

-"Se me ha caído un pendiente enorme, ustedes me lo vais a devolver que mi trabajito me costó, muchas gracias de todo corazón, pero el pendiente no lo quiero perder, Íñigo por favor"

-"Todo se puede hacer en la vida con método"

-"¿Quién no se ha dado alguna vez un pipazo con una amiga?"

Capítulo 12

MADRE CORAJE

En la vida de Lola fue muy importante la figura de "La Tata". Era su tía Dolores, la novia de su tío Pepe. Cuando de niña sufrió un accidente en la playa, en el Puerto de Santa María, al clavarse en la planta del pie un ostión, tuvo que estar dos meses inmovilizada, y fue ella quien se encargó de llevarla casi a diario al hospital. Lola desde entonces estuvo muy unida a ella, la consideró una segunda madre. Cuando empezó a viajar e ir de gira la acompañaba siempre. Estuvo con ella en sus giras americanas, planchaba sus batas de cola, la ayudó a vestirse de novia el día de su boda, y después en los tres partos de sus hijos: en 1958, Lolita, 1961, Antonio y en 1963, Rosario.

Lola tuvo dos madres y eso desarrolló en ella un sentimiento maternal muy especial, hasta el punto que Carmen Sevilla, llegó a decir que ella era "como la madre de todas nosotras".

Lola tuvo buenas relaciones con todas las artistas con las que trabajó y su casa en Madrid se convirtió en un punto de encuentro para muchos de ellos.

LOLITA

Con Lolita (nacida el 6 de mayo de 1958) tuvo una relación muy estrecha al compartir juntas muchos años escenarios, Lola siempre fue consciente de que su brillo hacía sombra a la carrera artística de los suyos:

-"Lolita es una de las personas que canta mejor en este país, tiene doble temperamento pero está reprimida porque su madre está en activo todavía. Tiene tanta admiración por mí que incluso cuando mueve los brazos lo hace más lánguida. Mis tres hijos llevan mi peso".

Sus padrinos de bautismo fueron el empresario Cesáreo González y la actriz Paquita Rico. Lolita consiguió un gran éxito con sólo 16 años gracias al tema "Amor, amor", compuesto por el jerezano Paco Cepero. Paco comenta que este tema lo había escrito para el grupo "Los Marismeños" pero que fue Lola quien lo convenció para que se lo diera a su hija Lolita y lo grabara en su debut musical:

"Yo le había cantando este tema a Camarón y Paco de Lucía, y él me dijo que lo veía para "Los Marismeños", que iban a grabar. A Lola el productor musical José Luis de Carlos se lo comentó, le dijo que había un tema de Cepero muy bueno y entonces ella me llamó. Me dijo que tenía que darle a Lolita esa canción porque ella iba a grabar su primer disco y se iba a hacer un lanzamiento internacional. Yo le dije que no podía porque ya había dado mi palabra y se lo había ofrecido a

"Los Marismeños" pero ella insistía y llegó a decirme "¿Y si te traigo a "Los Marismeños" para que te digan que puedes dármelo?", y se presentó en mi casa con ellos y todos decían que no había problema, así que finalmente lo grabó Lolita con CBS entonces, la que luego fue Sony. Y el tema fue un auténtico pelotazo, durante seis meses fue número uno en Los 40 Principales. Aquello fue un auténtico éxito para Lolita y a mi me dio a conocer a nivel internacional también, así era Lola".

Paco es jerezano y aunque ya conocía a Lola "de siempre", fue a raíz de irse a Madrid en el 63, para trabajar, cuando se estrecha la relación ya que mantenía también una gran amistad con Antonio González. Fueron muchas las jornadas que compartieron en su casa de María de Molina. También suya fue la primera canción que grabó Antonio Flores, "Libre", tema que después cantó Isabel Pantoja, y otro tema que hicieron a dúo Lola y Lolita: "Apuesta por el amor". Las canciones de Cepero han dado muchos éxitos a muchos artistas desde "Esta cobardía" o "Volveré", que grabó Chiquetete a "Feriante", que hizo para Isabel Pantoja, entre otros muchos títulos.

Lolita recordaba en una entrevista con Pablo Motos en "El Hormiguero", uno de los consejos más importantes que le dio su madre cuando era muy jovencita sobre el amor:

"Tú quiere, que te quieran más o menos no te tiene que importar, quiere tú, porque se disfruta mucho más queriendo que dejándose querer"

Y sobre la vida en general le dijo: "Diviértete, pásatelo bien, haz lo que quieras, lo que el cuerpo te pida y sientas en cada momento, pero cuando veas que estás llegando al precipicio... tres pasitos para atrás. Quiérete tú y dalo todo, con los brazos abiertos, pero cuando estés viendo que estás en la punta, tres pasos para atrás".

En la presentación de la serie "Lola", para Movistar + que hizo en el FesTVal de Vitoria definía de esta manera a su madre:

"Mi madre era y es quitapenas, es un buen momento para que los jóvenes que tuvieran de ella una imagen de folclórica cutre descubran que Lola Flores era una adelantada a su tiempo de la que hay mucho que aprender".

Además de su faceta musical iniciada a los 16 años y sus giras por América con su madre y su tía Carmen, Lolita ha conseguido su reconocimiento en el cine: tiene un Goya como mejor actriz revelación por la película "Rencor", (2002) y en los últimos años está haciendo mucho teatro (donde tiene gran éxito desde su debut en el 2005 con "Ana en el Trópico")

En televisión comenzó como presentadora con su madre en 1992 con "Sabor a Lolas" y después "Ay Lola, Lolita, Lola". Desde 1996 ha trabajado con éxito en distintas cadenas Canal Sur, autonómicas, TVE, Telecinco y más recientemente en Antena 3 donde forma parte del jurado "Tu cara me suena" en el que ha asistido a numerosas imitaciones por parte de los concursantes de su madre .

Es madre de dos hijos de su matrimonio con el argentino Guillermo Furiase, Elena (1988), también actriz, que se ha dado a conocer por su carrera televisiva y la ha hecho abuela de un niño, Noa, y Guillermo (1983) , músico, que comenzó en un grupo y ahora ha grabado en solitario.

El 14 de mayo del 2010 contrajo matrimonio por segunda vez con el actor cubano Pablo Durán, del que se separó en 2015.

Como anécdota sobre su madre ha contado en distintas ocasiones que ella le advirtió que cuando falleciera se reencarnaría de una manera muy peculiar:

"Mi madre decía que cuando ella se muriera iba a venir. Me dijo un día: 'mira Lolita, yo he pensado que me voy a convertir en una mosca y, entonces, me pongo en el hombro de todos vosotros y me entero de todas las conversaciones. Desde ese día, en mi casa no se matan las moscas"

ANTONIO

Segundo hijo del matrimonio nació el 14 de noviembre de 1961.Sus padrinos de bautizo fueron Antonio Ordóñez y Aline Griffith, Condesa de Quintanilla (en Diciembre de 1961). Debutó en el cine con 8 años en la película "El Taxi de los conflictos", pero aunque participó en algunas películas (Colegas, Calé, Sangre y Arena, La Femme et le pantin o Cautivos de la sombra) su carrera principalmente la hizo en el mundo de la música, como intérprete y compositor.

Falleció en 1995, quince días de la muerte de su madre, el 30 de mayo, en su casa de Madrid, con sólo 33 años. Su primer álbum llevaba su nombre y se llama "Antonio" (1980) en el se incluía una de sus canciones que es un clásico "No dudaría". En 1992 firma la mayoría de las canciones del debut musical de su hermana Rosario "De Ley", posteriormente participó también en su segundo trabajo "Siento".

Padre de una hija Alba (27 de octubre de 1986)), de su unión con Ana Villa, hizo abuela a Lola por primera vez. Alba González Villa ha seguido los pasos artísticos de la familia pero centrada en el cine y la televisión (La casa de papel o Vis a Vis) se ha ganado su reconocimiento como actriz. Su padre compuso una canción para ella con su nombre "Alba" y ella escogió el apellido artístico Flores como homenaje a su abuela. Recuerda que llamaba a su abuela "oleole", con su prima Elena, porque era lo que le gritaba cada vez que se asomaba a la cuna a verla. Con Lola comparte el gusto por los merengues y los dulces.

Es una mujer con mucha conciencia social feminista y colabora con el Secretariado Gitano para reivindicar la igualdad. Es independiente desde los 19 años, está muy unida a su madre y a la familia Flores. Su carrera artística es muy variada, ha estado en el Festival de Teatro Clásico de Mérida con Troyanas, ha hecho un Shakespeare gitano, actuó en el María Guerrero y dirigió su propia obra con sólo 22 años ("Distopías en Venus")

ROSARIO

La menor de la familia nace el 4 de Noviembre de 1963. El bautizo tuvo lugar en la Iglesia de la Concepción, siendo sus padrinos Carmen Sevilla y el bailarín Antonio Ruiz Soler. La celebración se hizo por todo lo alto en "La Pérgola", el restaurante de moda en el momento, a las afueras de Madrid, en la carretera de La Coruña y contó con 300 invitados. Lola llevó un vestido negro y unas joyas muy llamativas.

De su hija menor decía :

"La que más se parece a mi es mi hija Rosario, brilla con luz propia y puede salir adelante en todos los problemas que encuentre. Lolita se parece más a su padre, más sufrida, se agita antes"

Rosario, actriz, fue la última de los hermanos en dedicarse profesionalmente a la música, aunque hizo una incursión en el 84 con el LP "Vuela una noche". En 1992 graba su primer disco "De ley", con la mayoría de las canciones de su hermano Antonio. Entre estas estaba "Mi gato" y "Sabor, sabor". Ganó el premio Ondas a la artista revelación.

Rosario recuerda que fue su madre quien les dio la idea del estribillo de la canción "Mi gato" cuando los escuchó en casa:

"Yo empecé a cantar por mi hermano. Él me tocaba la guitarra y yo le seguía. Un día estábamos canturreando, nos oyó mi madre, vino y nos dijo: "Dí eso de mi gato. Tienes que decir: ay, ay, ay, mi gato hace uyuyuyu"»,

Luego presentaron esa canción a unos productores de Miami en casa de Julio Iglesias y los ficharon para grabar su primer disco. En el programa El Show de Bertín Osborne, en Canal Sur, la menor de los Flores recordaba así la relación tan especial que Lola tenía con su hijo Antonio:

"Se adoraban, no podían vivir el uno sin el otro. Mi hermano sabía de todo. Y a mi madre le encantaban hablar con él. Se llevaban las noches y las noches charlando. Ella estaba muy encima suya. Y cuando no estaba me decía que yo tenía que estar con él".

Curiosamente el carácter introvertido y tímido de Rosario, siendo adolescente, contrastaba con el de su madre que era una mujer que hablaba de todo y con casi todo el mundo, así recuerda:
"Mi madre lo contaba todo, hasta cosas que yo no hubiera contado y no debería haberlas dicho, pero ella era así",
Su segundo disco "Siento", con canciones de su hermano y producido por Fernando Illán, la consolidó como una de las cantantes con un directo más impactante. Tras la muerte de su hermano en el 95 empieza a componer sola y lanza en el 96 "Mucho por vivir" y le dedica a Antonio la primera canción que compone: "Qué bonito".
También rindió homenaje a su padre, considerado el creador de "la rumba catalana", en numerosos temas, ella fue quien estuvo junto a él cuando falleció en 1999, después de unos años enfermo y muy decaído anímicamente por la muerte de Lola y de su hijo Antonio.
Ha ganado dos Grammys (2002 y 2004) y tiene la medalla de Oro al mérito en las Bellas Artes 2020. Rosario es madre de dos hijos, Lola (1996), de su relación con Carlos Orellana, y Pedro Antonio (nació el mismo día que su abuela Lola, el 21 de enero, del 2006) de su relación con Pedro Lazaga al que conoció trabajando en la película de Pedro Almodóvar "Hable con ella" (2001) en la que interpretaba a una mujer torero y él era ayudante de dirección. Se casaron en abril del 2006 en Caños de Meca (Cádiz)

Capítulo 13

EL CINE Y CARLOS SAURA

Fue el cine lo que hizo de Lola un mito internacional, el cine le dio también su apodo más conocido "La Faraona", nombre de la película rodada en México en 1955 (curiosamente también en México pusieron a Rocío Jurado el apodo de "La más grande") y el cine se rindió ante Lola desde 1940, año en el que grabó su primera película "Martingala", dirigida por Fernando Mignoni, en la que intervenía Pepe Pinto. Fueron más de 40 películas las que rodó, la última en 1987, "Los Invitados", aunque su último trabajo fue con el director Carlos Saura para su documental "Sevillanas". La mirada y el genio de Lola tenían firma cinematográfica.

Carlos Saura, rodó en 1992 un documental musical llamado "Sevillanas". Fueron 40 horas de rodaje que se convirtieron en un documental de algo más de 40 minutos producido por Juan Lebrón. En enero de 2021 Canal Sur Televisión estrenó "La historia de Sevillanas de Carlos Saura" contando la intrahistoria de cómo se grabó.

Entre los artistas más destacados se encontraban Rocío Jurado, Camarón de la Isla, Paco de Lucía y Manolo Sanlúcar. Saura siempre la definió como "película musical" más que documental y sirvió como presentación en la inauguración de la Expo 92 en Sevilla. El presupuesto superó los 300 millones de pesetas y reunió un elenco difícil de igualar: Manuel Pareja Obregón, Paco Toronjo, Merche Esmeralda, Manuela Carrasco, Los Romeros de la Puebla, Salmarina, Las Corraleras de Lebrija, Matilde Coral, Rafael "el Negro", Carlos Villán y Tomatito.

La actuación de Lola ha quedado para la historia, recuerda Saura que nadie sabía qué iba a hacer, "su baile fue totalmente improvisado". El director hizo también algunas fotos de Lola con su impresionante bata de cola negra precisamente una foto de Lola moviendo su bata de cola fue portada del libro Flamenco (2003). Además realizó una exposición en el centro cultural de La Malagueta (Málaga) en el 2020 sobre sus películas relacionadas con el flamenco en la que se incluía y posteriormente en el Círculo de Bellas Artes de Madrid en el que presentó 70 reproducciones seriadas y 15 "fotosaurios" (fotos retocadas y pintadas por el autor). La foto de Lola Flores ha sido seña de identidad en la carrera como fotógrafo de Saura, uno de los grandes de la fotografía contemporánea aunque sea más conocido como cineasta.

Carlos Saura al presentar en el Círculo de Bellas Artes su foto icónica de Lola recordaba que "ha sido un homenaje a una mujer fantástica, con una fuerza especial , que hizo escuela y marcó el flamenco para siempre. Yo la fotografiaba sobre la marcha, mientras rodaba".

Saura establece un paralelismo entre la figura de Lola y la de Rosalía, aunque no se atreve a compararlas, pero destaca que ambas mujeres "trasgreden las normas, mezclan los ritmos y son innovadoras. Las dos son las representantes del flamenco festero". A través de su hija Anna Saura ha tenido contactos con Rosalía, una mujer con la que le gustaría también trabajar pero ha sido complicado cuadrar agendas "me gusta Rosalía no porque esté de moda, sino porque cuando la escuchas sabes que es una revolucionaria del flamenco, canta como le da la gana, saltándose los tiempos y la ortodoxia, como Lola"

Capítulo 14

SU ÚLTIMO DOCUMENTAL "LOLA" PARA MOVISTAR

Israel del Santo es el director del documental "Lola", producción original de Movistar+ en colaboración con 100 Balas (THE MEDIAPRO STUDIO). Sorprende su juventud y perfil profesional a la hora de ponerse al frente de la biografía de un mito ya que entre sus trabajos previos se encuentran "El Palmar de Troya" o "El corazón del imperio".

La serie, que consta de cuatro episodios, se estrenó el 28 de octubre, avalada por sus hijas Lolita y Rosario y su hermana, Carmen, las tres intervienen en el documental. En la presentación del documental sobre la figura de Lola, que tuvo lugar en el FesTVal , festival de Televisión de Vitoria-Gasteiz, su hija Rosario la recordaba así:

-"Mi madre era un ser muy especial, era una estrella brillante y donde esté Lola todo brilla. Quería mucho a los que tenía alrededor, pero sobre todo se quería mucho a sí misma. Además de la artista que era, la clase de ser humano que era. Ella decía cosas que se han quedado para la historia".

Lola se ha convertido en un icono pop y 44 artistas de diferentes épocas y estilos intervienen en el mismo, desde Miguel Poveda a Rosalía, C.Tangana, Nathy Peluso, Ara Malikian o La Mala Rodríguez.

Israel del Santo pudo conocer personalmente a Lola siendo un adolescente, fue en un programa de televisión en el que él trabajaba y acudió la artista, "La máquina de la verdad", que se emitió en Telecinco, en aquella ápoca era mozo de almacén, y mantiene amistad con su nieta Alba Flores. Su perfil como director de temática histórica sorprende a la hora de enfrentarse a una figura como la de Lola pero él establece conexiones:

"Ya hice un documental sobre conquistadores de América, que tiene mucho que ver con Lola, porque después de Colón es Lola quien reconquista América. Además rodé un documental sobre el Palmar de Troya y Lola Flores también es casi una religión para sus admiradores más fervientes. Ella es un personaje histórico y de los más importantes que ha tenido España. Creo que sí tenía sentido que lo hiciese yo, incluso he trabajado sobre el personaje de Cleopatra y Lola es "La Faraona".

Israel no duda en señalar que Lola supone el inicio del movimiento Punk en España:

"Hay personajes que hagan lo que hagan llaman la atención, me sorprende su actitud vital en los años 40. Yo la defino como el inicio del Punk en España, de la música punk, ella no tiene pelos en la lengua y cada vez que habla sube el pan. Su actitud es transgresora y provocativa continuamente. Lo que ella hizo es desorbitado, y a veces se nos olvida que hizo más de 40 películas y sacó más de 30 discos. A veces su personaje la adelanta, porque las nuevas generaciones conocen a Lola por sus frases célebres como: "Si me queréis irse", "Yo tengo más fuerza que Chernóbil" o "El brillo de los ojos no se opera". Yo me dedico al cine y creo que no conseguiré llegar a hacer en mi vida tantas películas como hizo Lola".

Israel recibió la propuesta de dirigir este documental un año antes y en ese momento desconocía completamente al personaje, forma parte de esa generación que la conoce por sus frases. Él era un joven de veintipocos años cuando fallece Lola en el 95 aunque recuerda "que yo estaba más impactado por la muerte de Kurt Cobain, (fundador de Nirvana falleció a los 27 años y fue encontrado muerto en su casa). Escuchaba otro tipo de música y cuando empecé a escuchar copla pensé: "aquí hay más mensaje que en muchas de las canciones de Kurt Cobain en una época más compleja para poder lanzar ese tipo de mensajes. Hay un capítulo en el documental que habla de las letras de la copla, esas mujeres desesperadas por ser la otra, la que no tiene nombre, las prostitutas, la homosexualidad… He encontrado una reivindicación y una transgresión en las letras de la copla que creo deberíamos revisar a día de hoy".

Hablamos con él en exclusiva para este libro y nos concedió la siguiente entrevista:

¿Cúal ha sido tu objetivo en este documental de Movistar+ "Lola"?

-"El personaje de Lola estaba bastante desdibujado para la gente de las nuevas generaciones y se trataba de traerlo a día de hoy y conocer su historia. Contar su vida en cuatro horas no es sencillo, aunque ella puso mucho empeño en contar en primera persona su vida, hay mucho archivo de sus entrevistas, sus declaraciones, y ninguna te deja indiferente. En cada una de sus entrevistas suelta una perla que merece la pena rescatar o revisar"

¿Por qué Lola era única?

"Existen muchas mujeres fuertes, transgresoras o con carácter pero no es lo mismo serlo en los años 80 o en el siglo XXI que haberlo sido en los años 30, 40, 50, 60, 70, 80 y los 90. No podemos encontrar un personaje hombre o mujer que haya tenido esa capacidad, por eso me encanta comparar a Lola con el movimiento Punk, su actitud vital estaba por encima de todo, se comía el mundo, la cámara, los escenarios… era brillante"

Una de sus hijas comentaba que "decía mentiras que convertía en verdades"

"Lo que me más me gusta de su personalidad es que era una sin-vergüenza maravillosa. Cuando dicen que era una adelantada a su tiempo se quedan cortos, ella fue la precursora de las redes sociales, en el sentido de que mostraba lo mejor siempre como se hace en Instagram o Facebook. Ella se iba a Nueva York y a su vuelta contaba "ha estado todo Nueva York en pie aplaudiéndome nueve minutos, y el New York Times ha puesto una frase sobre mi …". No contaba mentiras pero ella conseguía convertir en verdad las cosas, hubieran pasado o no. Desde los años 40 utilizó el marketing haciéndose fotos con personajes como Churchill, Onassis, Gary Cooper. Cada encuentro con una de esas estrellas tenía una historia, de Gary Cooper contó que terminó haciéndole un potaje de berza y leyéndole la mano. Ella convertía un encuentro casual en leyenda y esa capacidad es increíble. La forma en la que creó su propia imagen es sorprendente. Ser una artista en aquella época , con las connotaciones tan negativas que tenía, y convertirse en La Lola de España, en un mito y casi en parte de la bandera, tiene un mérito asombroso, sin Instagram y utilizando la radio y los periódicos"

¿Entonces ella contaba sueños que conseguía hacer realidad?

"No le pondría tanta purpurina, ella diría : "yo cuento lo que cuento y tú haces con ello lo que quieras". Ella crea un personaje muy cercano al Star System de Hollywood siendo una chiquilla muy lista que nació en Jerez"

¿Ha sido positivo que el director de esta serie fuera una persona desconocedora de la vida de Lola?

"A la hora de hacer una revisión de un personaje histórico es importante no ser demasiado apasionado del personaje, comenzar el viaje con una mente limpia consigues argumentar el por qué de la importancia del mismo. Normalmente termino entregado y apasionado con el personaje con el que estoy trabajando, eso dura unos meses porque cuando terminas la serie ya deja de pertenecerte"

¿Cuál es el episodio de la vida artística de Lola que más te ha impresionado?

"De la carrera artística de Lola me impresionó mucho su actuación en la película "Sevillanas" de Carlos Saura, es un momento de su vida en la que ya tiene más edad, era una habitual de las televisiones privadas, con programas en los que ella entrevistaba en vez de ser entrevistada... era como una caricatura en sí misma, y de repente reaparece en la película de Saura con una fuerza... Para mi es la escena más bonita de todas las que hizo en su vida, esa escena de cine es maravillosa, y no hay que olvidar que rodó más de 40 películas".

¿Y a nivel humano?

"Su actitud vital a nivel humano es salvaje y su capacidad de transgredir. He visto muchas cartas de Lola, fotos, su agenda, he pasado mucho tiempo con Lolita y Rosario, horas en plató y luego en privado contándome quien fue Lola para ellas. Durante un año hemos hablado mucho de ella y lo que más me sorprende es su capacidad para ser guionista de su propia vida, cuando crees que ya no le puede pasar nada más da un giro y sucede algo maravilloso. Parece que el que su hija mayor se case es algo normal y ella convierte esa boda en una frase histórica, da un giro de guion y pasa de poder haber sido un desastre (por la afluencia masiva de gente) a la boda más famosa de la historia de España. Lola tenía una capacidad innata e intuitiva de dar un giro a las cosas, ella aparece y el guion de la vida cambia"

¿En cuál de sus descendientes ves más presente la figura de Lola?

"Lolita como artista tiene una trayectoria que habla por sí misma, igual que Rosario o que Antonio y como la tienen en la actualidad Alba o Elena, la verdad es que no veo a Lola en ninguno de ellos, son perfiles de artistas distintos entre sí, lo único que les une es el apellido"

¿Con qué tres adjetivos definirías a Lola desde tu perspectiva hoy?

-"Sinvergüenza, transgresora y maravillosa"

¿Qué pregunta le harías a Lola si la tuvieras delante?

-"No me han quedado muchas dudas sobre ella, más que preguntarle algo me gustaría escuchar de su propia voz alguna de las historias que nos han relatado todas las personas que salen en su documental, pero su personaje es demasiado amplio para poder elegir uno, aunque como la propia Lola habló y contó tanto de ella misma apenas quedan cosas por saber. Ten en cuenta que hemos accedido a audios inéditos, más de 17 cintas grabadas, además de las que hizo con Tico Medina para su biografía, la mayoría son inéditas, en las que habla de su vida, la verdad es que ella nos ha hecho más de la mitad del trabajo, no dejaba las cosas a medias. Hemos tenido un material ingente para trabajar, de televisiones de Colombia, de EEUU, entrevistas en Argentina, incluso hemos accedido a su primera actuación en una televisión americana, algo que no habíamos podido ver en España. También su familia ha facilitado mucho material y muchas fotografías"

Capítulo 15

RELACIÓN DE PELÍCULAS Y SERIES

- **DÉCADA DE LOS 40**

1940. Martingala
1941. Un alto en el camino
1943. Misterio en la marisma
1943. Alegrías
1944. Una herencia de París
1947. Embrujo (Con Manolo Caracol)

- **DÉCADA DE LOS 50**

1950. Jack el negro (Con Manolo Caracol)
1951. La niña de la venta (Con Manolo Caracol y Suevia Films)
1952. La estrella de Sierra Morena
1953. Pena, penita, pena
1953. Reportaje
1954. La danza de los deseos
1954. Morena clara

1954. La hermana Alegría
1955. Limosna de amores
1955. Lola Torbellino
1955. La Faraona
1957. Maricruz
1957. Sueños de oro
1958. El gran espectáculo
1859. Échame la culpa
1959.Las de Caín
1959.Venta de Vargas
1959.María de la O

- **DÉCADA DE LOS 60**

1962. El balcón de la luna
1963. El color moreno
1963. La gitana y el charro
1964. Sinfonía española
1966. Una señora estupenda
1968. Aventura en Hong Kong
1969. El taxi de los conflictos

- **DÉCADA DE LOS 70**

1971. Luz y sol de Andalucía
1971. Canciones para después de una guerra
1972. Costa del Sol malagueña
1972. Casa Flora
1975. Canciones de nuestra vida

- **DÉCADA DE LOS 80**

1983. Juana la Loca de vez en cuando
1983. Truhanes (serie para televisión)
1986. Los invitados
1987. Juncal (serie para televisión)

- **DÉCADA DE LOS 90**

1992. Sevillanas.
1993. El coraje de vivir

TODOS TENEMOS UN PRECIO.
LA MUERTE LLEGO AL CORTIJO CON...
LOS INVITADOS
TODAVIA HAY LUGARES DONDE VIVIR CUESTA LA VIDA
AMPARO MUÑOZ • PABLO CARBONELL • RAUL FRAIRE
y LOLA FLORES como "LA CAPATAZA"
PEDRO REYES • SONIA MARTINEZ • IDILIO CARDOSO • ANTONIO SOMOZA
Director de Fotografía: JOSE G. GALISTEO Musica: RAUL ALCOVER Director de Producción: DIEGO FIG
Inspirada en la novela de ALFONSO GROSSO
Guión y Dirección: VICTOR BARRERA
Una producción VICTOR BARRERA, P.C., S.L. - IMPALA, S.A.
Presentada por WARNER ESPA

Capítulo 16

SUS COPLAS EMBLEMÁTICAS

La discografía de Lola es amplia, pero existen algunas canciones que fueron fundamentales en su carrera artística. Es complicado hacer una recopilación del material discográfico de Lola entre las grabaciones que hizo en España y en América. Carmen Domingo en su libro "Los Flores", recoge la relación más completa en la que el primer tema que grabó fue "Pescaero" en 1941, un disco que contenía sevillanas, bulerías y un tanguillo.

Hemos hecho una selección de aquellas que marcaron un punto de inflexión en su trayectoria o que son las más recordadas por el público a día de hoy.

1. EL LERELE (1942)

Fue el tema que la dio a conocer en el teatro. En el teatro Fontalba de Madrid la contrató Mari Paz para que actuara de telonera en su espectáculo en 1942. Tuvo que repetir varias veces la canción a petición del público y le sirvió para

ser contratada en un espectáculo posterior encabezando el cartel. La casa que compró en La Moraleja y donde falleció Lola, el 16 de Mayo de 1995, se llamaba también así.
El Lerele la escribió el maestro Genaro Monreal, autor también de otros temas muy conocidos como "Clavelitos" o "Campanera".

2. LA ZARZAMORA (1948)
León, Quintero y Quiroga compusieron este tema para su espectáculo Zambra de 1948 y que ella interpretó también en la película "La hermana alegría" (1954).
Lola decía: "Para mi ha sido mi sello, como mi bata de cola, mi mantón y mi abanico. Fue escrita para mi". Por eso pidió que sonara el día de su entierro. Pepe de Triana la cantó cuando fue trasladada del Centro Cultural Villa de Madrid, donde quedó instalada su capilla ardiente ante la que pasaron 200.000 personas, hasta el cementerio de La Almudena. Lola fue enterrada con una mantilla blanca, regalo de Carmen Sevilla, con un rosario y descalza.

3. "AY PENA, PENITA, PENA" (1951)
Copla compuesta por Quintero, León y Quiroga para Luisa Ortega, la hija de Manolo Caracol, en su espectáculo "La Copla Nueva", que se estrenó en el Teatro Calderón. Lola la interpreta en 1953 en la película que tiene el mismo nombre y la convierte en un gran éxito, siendo una de las clásicas de su repertorio. Joan Manuel Serrat hizo también una versión en 1994.

4. LIMOSNA DE AMORES (1955)

Lola Flores popularizó esta copla en la película mexicana del mismo título, en 1955. Curiosamente, y al igual que había sucedido con ¡Ay, pena, penita, pena!, esta tonadilla, compuesta por León, Quintero y Quiroga, fue escrita para Luisa Ortega, la hija de Manolo Caracol. Lola la hizo suya al interpretarla y ponerle su sello artístico.

5. MARÍA DE LA O (1958)

Fue grabada por Lola en 1958 para la película "El Pescaílla", la primera que rodó con Antonio González. Había sido compuesta en 1933 por el maestro Quiroga con letra de Rafael de León y Salvador Valverde para Estrellita Castro, después la grabaron también Carmen Amaya, Concha Piquer y más tarde Isabel Pantoja, Niña Pastori o Diana Navarro entre otras artistas.

6. A TU VERA (1962)

Esta canción fue compuesta por Rafael de León y Juan Solano para la película "El Balcón de la luna", en el año 1962. Lola fue quien más popular la hizo pero también la grabaron Lucho Gatika, Manolo Escobar, Isabel Pantoja o India Martínez. Pedro Almodóvar la utilizó como banda sonora de su película "Dolor y Gloria"(2019) cantada por Rosalía e interpretada por Penélope Cruz. También un programa de coplas de Castilla-La Mancha Televisión lleva ese nombre

7. LA FLOR DEL TEMPERAMENTO (1964)
Con letra de Rafael de León y Antonio Quintero, y música de Manuel López-Quiroga, es una de las canciones que mejor la describe.

8. LOLA DE ESPAÑA
La autoría es del malagueño Ignacio Román, Lola grabó esta canción cuya letra recoge los nombres de algunas de sus canciones más conocidas:
"Soy la zarzamora que enamora en un lerele, pena, penita, pena de mi corazón. A mí me llaman, mire usted, la faraona, bata de cola, torbellino de color. A mí me llaman, mire usted, Lola de España y no me extraña porque España me parió".

Rocío Jurado grabó años más tarde en su álbum "Con mis cinco sentidos"(1995) otro tema con el mismo nombre, escrito por Antonio Burgos, para rendirle homenaje y que empieza así:

"A las viñas de Jerez
la torre de San Miguel
se lo dijo con campanas,
que en el cielo de Undivé
la gente se ha puesto en pie
al llegá la jerezana.
Que llegó con su abanico,
abrió el pico, armó el revuelo,
que a ella le viene chico
el escenario del cielo...
Porque es más que una mujer,
porque es más que un baile suyo,

porque es más que aquel orgullo
de española de Jerez.
Y Dios se pone a escuchar,
con qué arte está diciendo
su carné de identidad".

9. TORBELLINO DE COLORES

Inspirada en los versos que le dedicó José María Pemán que recoge literalmente: "Pemán ha dicho de mí Torbellino de colores. No hay en el mundo una flor que el viento mueva mejor que se mueve Lola Flores".

10. OJALÁ QUE TE VAYA BONITO

El tema de Lola más escuchado en YouTube, con más de cuatro millones y medio de visitas. Es una versión por rumba del tema del mexicano José Alfredo Jiménez que la grabó como ranchera.

11. QUE ME COMA EL TIGRE (1969)

Rumba grabada en la película "El taxi de los conflictos" (1969), junto a su marido Antonio González que tocaba la guitarra.

12. CÓMO ME LAS MARAVILLARÍA YO (1973)

Estaba incluida en su película "Casa Flora" y parece un trabalenguas o juego de palabras, que recuerda al interpretado por Imperio Argentina en la película "Morena Clara" y que fue el que Lola recitó para conseguir su primer papel en la película "Martingala".

CASINO
BAHIA
CADIZ

Capítulo 17

DISTINCIONES Y RECONOCIMIENTOS

-Orden de Tío Pepe de Oro (1953)

-Lazo de Isabel la Católica con tratamiento de Ilustrísima Señora (1962)

-Medalla de Plata de Jerez (1965)

-Insignia de Oro de la Peña Tío José de Paula (1991)

-Medalla de Oro al Mérito en el Trabajo (1994)

- Edición de la Feria del Caballo 2017 y disco homenaje editado por el Ayuntamiento de Jerez.

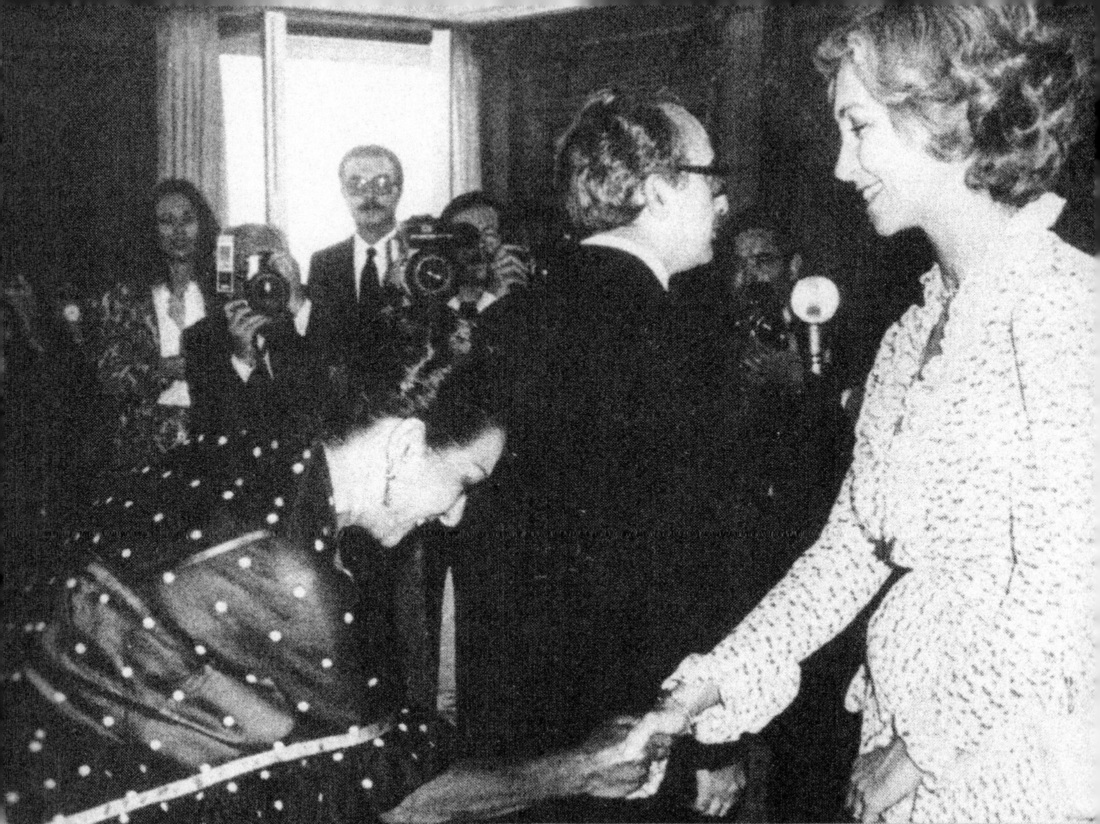

Capítulo 18

LA MÁS IMITADA Y UNA GRAN INFLUENCER

Sin lugar a dudas Lola puede ser también la artista más imitada de todos los tiempos. Su especial personalidad hacía que fuera también un personaje escogido por los humoristas, desde Julio Sabala, a Los Morancos de Triana, César y Jorge Cadaval. Estos han sido los artistas que más han imitado a Lola y que además tenían una gran amistad con ella. Jorge Cadaval reconoce que "es la artista más grande que he conocido". Lola, habitual en sus espectáculos, un día les hizo una petición que ellos cumplieron a rajatabla:

"A Antoñito no imitadlo más por favor, no está pasando un buen momento, conmigo haced lo que queráis pero dejad de imitar a Antoñito".

Falete imitó a Lola en el programa "Tu cara me suena" de Antena 3 en el que Lolita estaba como jurado y esta llegó a emocionarse. La hija mayor de La Faraona contó: "Me gusta mucho como artista, la primera vez que lo vi fue en casa de Los Morancos, en casa de Jorge. Entonces le dije , qué buen artista eres y qué me recuerdas a mi madre, en la fuerza que tienes, en la energía. Modular la voz, el abanico, mover las manos, es muy difícil hacer lo que hacía Lola Flores"

Melody, es una de las artistas actuales que se ha puesto en el papel de Lola, haciendo imitaciones suyas en programas musicales. Lola es también un referente para la malagueña María Peláe (hija de bailaora y nieta de cantaora) o para la pianista, compositora y cantaora flamenca Miriam Méndez, que además tiene un gran parecido físico con ella.

Miriam ha grabado los discos "Bach por flamenco" y "Mozart sueño flamenco" y acaba de sacar una versión de la banda sonora de la película "Er bueno, er feo y er malo"que ha revolucionado las redes. Mezcla su gran talento musical con una personalidad y sentido del humor muy peculiar. Es conocida también con el nombre de "La princesa descalza".

-"Tuve la suerte de conocerla siendo yo una niña de cinco años. Fue en Marbella, en la playa, la vi tumbada, tomando el sol y me acerqué a saludarla, fue muy cariñosa y me dio un beso. A nivel artístico es un gran genio, todas sus facetas desprendían genialidad, cantando, bailando, recitando. Yo creo que su autenticidad y el hecho de ser una persona libre era lo que la hacía comunicar de esa manera, por eso con los años cada vez nos sigue pareciendo más grande. La definían su fuerza vital, su energía y ese volcán interior que nadie pudo apagar. Su sello es la autenticidad y la pureza de corazón, por eso era tan generosa, vivió dándolo todo y dejando el corazón en todo y eso es muy difícil de encontrar. A mi desde que era pequeña me llamaban Lola porque decían que me parezco mucho a ella. De pequeña musicalmente mis referencias eran clásicos y pianistas pero como mujer a día de hoy es una referencia. Era fiel a su pensamiento y su sentimiento, siempre será figura inspiradora pero inimitable.

Quizás mi parecido físico pueda venir por mis raíces jerezanas, aunque yo nací en Sevilla, pero mi padre es de Jerez. La gente me dice que hasta hablando me parezco a ella pero creo que nuestro parecido es más de espíritu y forma de entender la vida. Las grandes figuras siguen creciendo en el tiempo y es este el que pone a las artistas en su sitio, la verdad del corazón de Lola es lo que sigue invadiendo el mundo"

¡LOLA!
NÚM. CARNAVAL DE CÁDIZ Y PESCAILLA 2019
KOKI SANCHEZ Y ANTONIO ALONSO
CARNAVAL DE CÁDIZ
«EN CÁDIZ: CARNAVAL TODO EL AÑO, SI NO QUEREIS IRSE!!»
EL EXCE. AYUNTAMIENTO DE GUATIFÓ.
CONFIRMA EL CONCIERTO CON LOLA Y PESCAILLA POR 1 PESETA. (DE CADA ESPAÑOL)
CONSIGUE LAS AUTENTICAS "MUÑECAS DE MARÍN"
PRIMERA ENTREGA MUÑECA AZUL
CADA SEMANA CON TU REVISTA ¡LOLA!
LAS MUÑEQUITAS DE MARÍN
¡LOLA!
Chapas @DeMesaCamilla

Capítulo 19

LA LOLA DEL CARNAVAL GADITANO

Koki Sánchez es un referente en el Carnaval gaditano. Maestra de educación infantil, ejerció como monitora de teatro durante veinte años trabajando en la Palma del Condado (Huelva), curiosamente el pueblo del padre de Lola Flores. Desde 2005 compagina la docencia con el teatro y en 1995 fue la primer mujer en salir a la calle con una chirigota femenina. Ella abrió camino al papel de la mujer en el carnaval. Al año siguiente salió con ella una jovencita Ana López Segovia, fundadora de la compañía teatral "Las Niñas de Cádiz".

Koki ha hecho del tipo de la Jurado y el de Lola Flores un símbolo en el carnaval callejero. De hecho su Lola, acompañada del Pescaílla, actuó en el Pregón del Carnaval de Joaquín Sabina en el año 2019.

Cuando hace balance de su papel en el Carnaval de Cádiz como mujer no se considera un referente:

-"No me puedo adjudicar ningún mérito porque no hice nada extraordinario, simplemente no pedí permiso, me fui a la calle. Yo en ese momento no pensaba que estaba abriendo camino. En el 95 elegimos el tipo de Las Ágatas Ruiz de la Prada y salimos: Águeda Marroco, Pili Aragón (prima de Juan Carlos), Lale Romero , Charo Rosano , Ana Ríos, Ana Padilla y Mary Paz Padilla con el que luego fue su marido, Antonio Juan. Él no cantaba pero nos acompañaba. No llevábamos ni caja ni bombo, la gente no se paraba a escucharnos, a veces sólo desfilábamos por la calle"

Así pues el argumento que utiliza la fundadora de la primera chirigota femenina en el carnaval callejero fue el mismo argumento de Lola: no pedir permiso.

Cuando Ana López Segovia y su compañía teatral fueron distinguidas con el Premio Max de Teatro en el 2020 "Al mejor espectáculo revelación", por "El viento es salvaje", en su discurso de agradecimiento reivindicó el "acento andaluz" como seña de identidad:

"Sean de donde sean. El acento es cultura y la cultura no es patrimonio de un territorio geográfico, ni de una clase social ni de una élite intelectual. Viva la cultura popular".

Curiosamente un año después, en el 2021, una brillante campaña publicitaria "resucitaba" la figura de Lola Flores con el eslogan "Con mucho acento" y se hizo viral en pocas horas. Utilizando la inteligencia artificial y más de 5.000 fotografías, Lola a través de la voz de su hija Lolita, decía:

"¿Tú sabes por qué a mí se me entendió en todo el mundo? Por el acento. Y no solo me refiero a la forma de hablar...".

26 años después de su muerte Lola sigue estando vigente y su imagen no ha dejado de ser atractiva para el público.

Picoco

Capítulo 20

SU ESTÉTICA

Lola construyó su imagen de forma un poco intuitiva pero los diseñadores y especialistas en moda que trabajaron con ella coinciden en que tenía un gusto muy definido y una personalidad tan fuerte que cualquier prenda en ella era especial.

Si en los principios de su carrera su imagen podía encasillarse en el tópico de la mujer andaluza, volantes, mantones de manila, lunares y flecos, América le dio la visión del espectáculo e incorporó las lentejuelas, el brillo, las plumas y hasta la alta costura cuando acudió al Festival de Venecia con Antonio González.

En los 60 Lola lucía caftanes bordados, que en los años 50 Christian Dior llevó a las pasarelas e Yves Saint Laurent recuperó en los 60. En los 70 lucía pantalones acampanados y chaquetas ajustadas, y también trajes de cuero en color negro. Le gustaba el color coral, el rojo, el blanco y el negro y también se atrevía con el amarillo, el dorado para zapatos y complementos y estampados animal print. Complementos grandes y llamativos, oro, joyas excesivas y maquillaje marcado.

Manuel Cecilio es estilista y maquillador profesional, lleva muchos años trabajando en el mundo de la moda, la publicidad y la televisión. Es el responsable, entre otras, de la imagen de la presentadora Eva González. Cecilio es gaditano, conoce bien la personalidad de las mujeres de su tierra y describe así la estética de Lola:

"De Lola me llama la atención su buen gusto para vestir y la combinación de colores que hacía, sabiendo perfectamente el tipo de prendas que más la iban a estilizar y destacando sus piernas. En su maquillaje destacaríamos sus ojos, que realzaba con una línea (eye liner) que los enmarcaba dándole ese aire especial. Su estética era una herencia de la cultura de posguerra, por eso utilizaba el color rojo para los labios, de la misma manera que se maquillaban nuestras madres y que ha sido siempre una seña de identidad de la fuerza de la mujer española. Lola sabía cuáles eran sus puntos fuertes y los destacaba, la boca roja, la mirada felina y en su físico sus maravillosas piernas y sus hombros, que solía lucir.
No llegué a conocerla directamente pero sí tuve ocasión de verla en una Feria de Abril, hace muchos años, y ahí fue donde me "atrapó"... nunca había visto a alguien con tanta luz propia, y ella sí que la poseía, me sorprendió muchísimo. A medida que conoces más cosas de ella más te impacta, por esa fuerza tan poderosa que tenía, como artista era consciente de su fuerza y sabía que arrasaba con todo".

R.T.V.A.

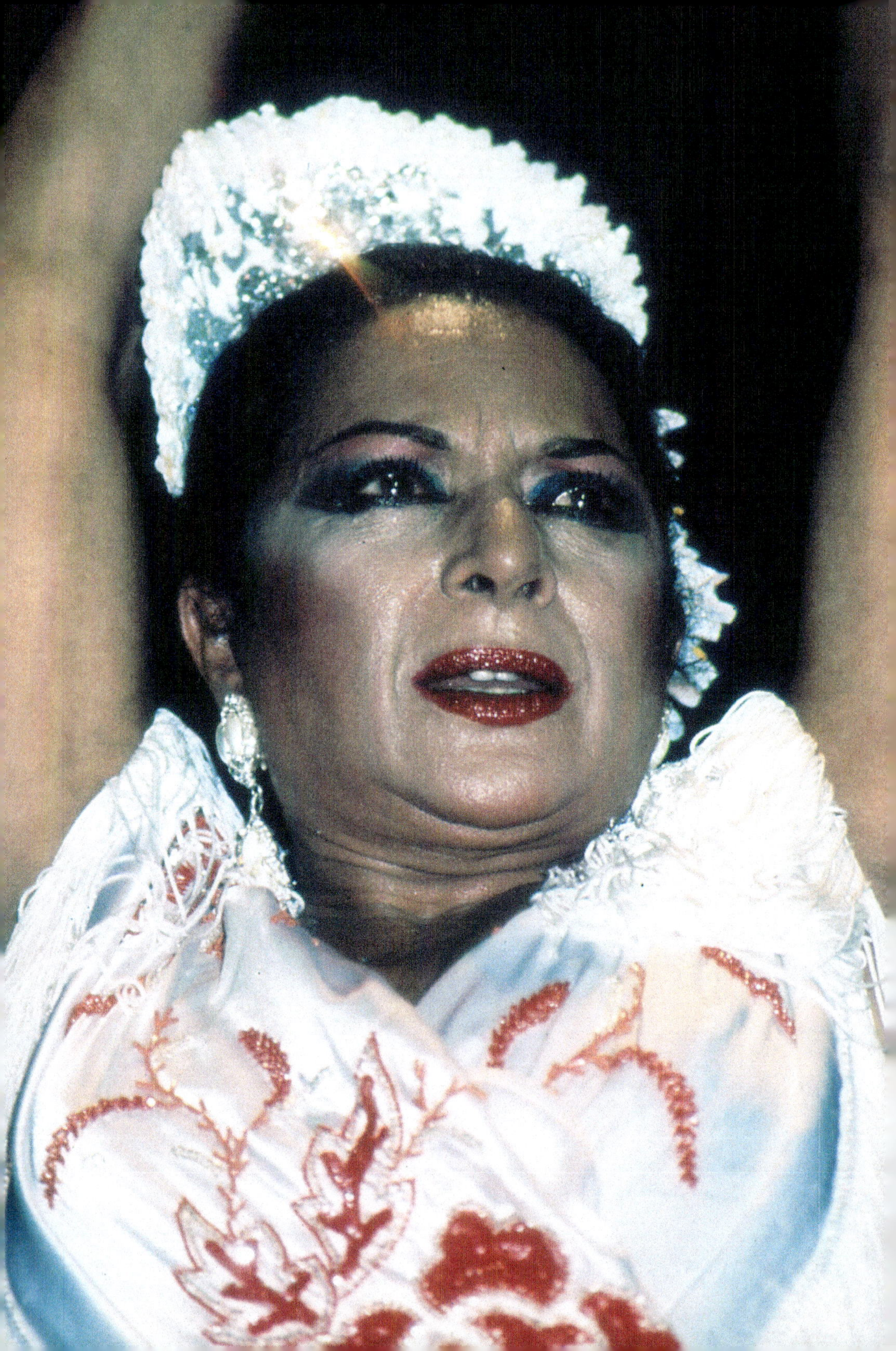

Capítulo 21

UNA MUJER "FLAMENCA"

Por Pedro González editor de moda e historiador
(Presidente de la Asociación Qlamenco y director artístico de SIMOF, Salón Internacional de la Moda Flamenca)
"Lola tenía ese algo llamado "arte", un concepto tan complejo que todo el mundo sabe lo que es pero nadie sabe explicarlo. Sin duda fruto de su talento innato, ese gusto diferenciador la caracterizó en cualquiera de las disciplinas que tocaba. Lola sabía que no era la mejor en nada y sin embargo conocía a la perfección los intríngulis de ese paladar tan difícil que solo unos pocos privilegiados y elegidos tienen. Era ese instinto, ese saber, el que le hacía poner su dedo de gracia en todos aquellos artistas a los que admiraba. Lola sabía oler el talento, reconocer el pellizco de lo especial, juzgaba desde la sensibilidad y el conocimiento de lo "bueno" y eso lo aplicaba a todo. En el vestir Lola fue siempre un referente . Ella sabía lo que tenía que ponerse. Conocía muy bien su fisonomía. Sus ojos, su escote y sus piernas eran sus fuertes . La calidad del buen artista al margen de lo que haga queda reflejado siempre en cómo se presenta ante su público y en eso Lola era una experta. Su raíz flamenca la mezcló siempre con las modas y las tendencias imperantes en el momento. Lola se puso

un short en los 60, minifalda en los 80 y hombreras en los 90 y sin embargo jamás dejó que el filtro de lo "flamenco" no tiñese sus looks. Ser flamenca es una cualidad y un estado de estilo que se define tanto en actitudes cómo en estética visual. Una mujer "flamenca" jamás tendrá flequillo, el cabello corto o las uñas sin pintar. Una mujer "flamenca" recoge su pelo negro cordobán, instala una flor en el lugar preciso y se pone unos corales en las orejas. Una mujer "flamenca" jamás llevará un zapato plano ni un corte en su vestido que no le haga lucir su figura, su porte. Es el porte flamenco lo que distinguía a Lola cada vez que se vestía. Tengo una imagen precisa de Lola cuando un fin de año entró en una nave donde se celebraba una fiesta organizada por una conocida familia gitana. Había bidones con hogueras encendidas, sillas esparcidas formando corros y barreños de whisky con hielo que se servían en vasos de plástico con un cazo de sopa . Yo era un extraño allí. Invitado por unos amigos estaba rezagado en una esquina observando aquel espectáculo tan especial y extraño. Se solapaban los cantes, las palabras, los bailes y los saludos. Lola entró de pronto y supe con claridad lo que significaba tener estilo. Llevaba un vestido rojo de tafetán ajustado a la cintura, descotado hasta los hombros y de largo hasta las rodillas. El pelo con raya en medio y tirante hacia atrás recogido en un moño. Los labios rojos. Los ojos maquillados profundos y negros. En el cuello llevaba un collar de monedas de oro a juego con los pendientes que le iluminaban la cara de una manera que me llamó la atención. Lola se sentó, cruzó las piernas con sus medias negras transparentes y sus "stilettos" negros y bebió y fumó sin parar mientras yo no dejaba de mirarla. Yo supe entonces que ella sabía lo que tenía que ponerse esa noche. Sabía de su magnetismo y de su fuerza. Era diestra en vestirse sin caer en el disfraz.

Si tuviese que elegir un look de Lola a lo largo de toda su carrera profesional elegiría el vestido de lamé dorado que se puso en el homenaje que se le dio en Miami en 1990. Más "flamenca" no se podía estar".

Roja
Salao

Capítulo 22

SUS BATAS DE COLA

Justo Robles "Salao" es de Huelva y tiene el sobrenombre de "El Rey de las batas de cola", que le puso la propia Lola. Formó pareja artística de baile con su hermana siendo un niño, y tras hacer un curso de sastrería comenzó a diseñar los trajes de su hermana. Profesionalmente se dedicó al baile, haciendo gira por América con El Greco durante casi un década. Actuaron por todo el mundo, inicialmente con el nombre de "Los Salaítos", e incluso intervinieron en la película "Ship of Fools" (El barco de los locos), junto a Vivianne Leigh. En España Manolo Caracol los contrató para "Los Canasteros", y cuando su hermana decide retirarse él se centra en la costura y el diseño.

A Lola la conoció en Huelva cuando acudió a presentar su espectáculo "Zambra". Empezó a coser para las artistas se hizo popular un dicho "los volantes de Salao bailan solos". A lo largo de su vida ha podido confeccionar más de 11.000 vestidos. Ha cosido para Gracia Montes, Rocío Jurado y muchas artistas.
Recuerda que "La Faraona" lo ponía en situación cada vez que tenía que hacerle un traje:

"Lola era genial, hasta me cantaba la canción por teléfono diciéndome para que la quería, me preguntaba por las telas, yo entonces viajaba mucho a América porque mi hermana vivía en Nueva York. El color preferido de ella era el fucsia, el amarillo, el turquesa y el blanco. El vestuario tiene que ir acorde con la canción. No puedes cantar una Zambra vestida de princesa, cada canción tiene un diseño. En los espectáculos era así. La presentación se hacía con traje de lujo o bata de cola. Se cambiaban cinco o seis y hasta ocho veces. Después han venido los conciertos en los que las artistas sólo se cambian dos veces"

Justo es el autor de la bata de cola blanca con la que Lola aparece en la portada de este libro y que forma parte de una escena de la serie "El coraje de vivir" que hizo para Antena 3:

-"Es una bata de baptista perforada almidonada, como las antiguas, antes se usaban batas de cola almidonadas que ya no se hacen porque son muy caras. La prenda se metía en agua caliente blanca y se sacaba húmeda y se planchaba. El almidón en bote se llevaba en los baúles para repasar la ropa y las artistas viajaban con una planchadora. Esta se la puso también en una gala en el Pabellón de Italia con Raffaella Carrá, luego le hice otra blanca con pasa cintas rojos que la regaló en un programa de Jesús Hermida en un especial de Navidad. Era perforada con los volantes a capa."

Hizo para ella numerosos trajes y aún conserva algunos de ellos:

"Tengo tres o cuatro batas de ella antiguas que conservo, una blanca, una amarilla con mantón amarillo. Era una mujer normal, estatura media, no era alta ni baja. Lola se crecía en el escenario, aumentaba de tamaño. Su estatura era la justa para el escenario . La veías en el camerino y luego en el escenario y era otra, es un don que ella tenía. De Lola no se puede decir nada, eso de que "no cantaba ni bailaba" es un rollo, era perfecta, única e irrepetible. Sólo escucharla o verla salir tenía al público ganado. Nunca imitaba a nadie, era única de todas las maneras, especial, en el escenario, en su casa y en bata o fumando un cigarro. Lo suyo no se puede explicar era un genio, alguien especial, nació así: adelantada y moderna".

Capítulo 23

SU MODISTO
Y AMIGO ÍNTIMO

Tomás García tiene 77 años y junto a su compañero y socio, Alfonso Fernández, ya fallecido, estuvo al frente de una firma de alta costura durante más de 50 años. "Tomás y Alfonso" tenían dos tiendas en la calle Serrano, en el barrio de Salamanca, vendían moda y hacían diseños a medida.

Natural de Molvízar (Granada), cerca de Motril, vive en su tierra natal en el cortijo "El Portón", donde muchas veces Lola acudía a descansar y a pasar unos días tranquila con sus amigos.

Alfonso había hecho el vestuario de Lola para el espectáculo "La guapa de Cádiz" y así la conoció, un día Aurora de Alba, actriz y prima de Carmen Sevilla, entró en su tienda y les dijo que les iba a presentar a Lola. Así la conoció Tomás: "Me llamó para que fuera a llevarle algunas prendas a su casa y desde entonces más de 40 años vistiéndola. Era su casa de María de Molina y sus hijos eran pequeños".

Es imposible calcular el total de modelos que hicieron para Lola, porque asegura que la ropa era "lo que más le gustaba del mundo y le hacíamos de todo, para trabajar, de calle, de cóctel, de fiesta... era un no parar. Y si tenía galas pues había que hacerle el vestuario del espectáculo."

Calculando una media de diez vestidos al mes, durante 40 años, fueron más de 5.000 modelos.

"Lola siempre sabía lo que quería, diseñaba sus propios modelos y tenía mucha idea de costura, en la primera prueba sabía como iba a quedar el vestido. Sabía coser y tenía nociones (su madre fue costurera). Todas las batas de presentación bordadas y los trajes de flecos que lucía eran nuestros, le hacíamos las batas como si fueran trajes de noche. En Sevilla Salao y Pepín Castillo le hacían la ropa más flamenca".

La prenda más especial que confeccionaron para Lola fue la bata de cola negra con la que grabó el documental "Sevillanas" de Carlos Saura, aquella bata impactó y en la actualidad es propiedad de Lolita y estará en su museo de Jerez.

Tomás describe como se hizo esta bata de cola que causó sensación:
"Era de organza natural negra. Llevaba muchos metros, porque llevaba encima un chal que llegaba hasta la punta de la cola de la bata y agotamos los metros de gasa. Estaba ribeteada con cinta de raso blanca, fue un escándalo esa bata, gustó mucho, Rocío Jurado cuando la vio con esa bata de cola en América, con una flor roja en la cabeza y unos zapatos rojos, me dijo que parecía una paloma en el escenario. Decidió ponerse la bata para bailar las sevillanas en el documental de Saura".

El magnetismo de la artista se transmitía en su forma de vestir pero el brillo de sus ojos era único:

-"Lolita tiene ese brillo en sus ojos de Lola, pero Lola era única, no se puede comparar con nadie, sus hijas son grandes artistas pero es imposible compararla. Lola era estrella hasta enrollada en una toalla saliendo de la ducha, era ella quien le daba categoría a la ropa. En los últimos años cuando venía a la tienda, cansada y ya enferma, se probaba y se transformaba. Lola sabía que se debía a su público, jamás se quejó y sus penas se las guardaba. Jamás hubiera soportado que la compadecieran y ante su público siempre aparecía perfecta, hasta el último momento".

Capítulo 24

MARÍA JOSÉ SANTIAGO

Si hay una artista jerezana que comparte orígenes con Lola es otra grande que viene del flamenco, María José Santiago. Siendo una niña ya la conocía porque su padre, Diego Santiago Vargas ,se crió con ella en la misma calle:

-"A mi padre Lola lo llamaba "El niño", era unos años más joven y parecía un chaval, incluso en la película Martingala sale de extra. Lola se lo quiso llevar a Madrid , pero a él no le gustaba el mundo artístico".

María José jugaba escuchando a Mairena, Caracol o Valderrama, que además de flamenco también cantaban copla y con sólo 11 años Manuel Morao la presenta en "Los Jueves Flamencos" en el Teatro Villamarta ganando el primer premio.

De la mano del diseñador Pepín Castillo llega una jovencísima María José a la casa de Lola en Madrid. Había ganado el concurso de TVE "Gente Joven" y Pepín era amigo de Lola, además de haber hecho numerosos diseños a lo largo de su vida para ella:

-"Pasamos un fin de año con Lola y su familia, ella era como una gallina, siempre acogiendo a todo el mundo en su casa y ayudando a muchos artistas. Tenía una fuerza especial, en sus ojos, en sus manos, en cualquier parte. La recuerdo como una mujer muy espléndida cuando venía a Jerez, a Santiago, los billetes volaban…"

Y no sólo destaca su capacidad en el escenario sino fuera de él:
"Era imposible llevarse mal con Lola, tenía la habilidad de congeniar con todo el mundo, por su simpatía y su humanidad. Lo reunía todo: belleza, arte, gracia. Era un vendaval, como una pantera que arrasaba por donde iba. Era muy gitana en sus maneras, su forma de vivir, de pensar y de sentir"

Y curiosamente el destino terminó uniendo por la sangre a dos dinastías artísticas jerezanas:

"Los ojos de Lola hablaban y transmitían fuerza, todo el mundo la quería y con los años llegamos a tener hasta lazos familiares . El hijo mayor de mi hermana Rosa, Juan Diego, que es guitarrista, es nieto del Pescaílla, su padre es un hijo de Antonio de una relación anterior a Lola, así que mi sobrino es sobrino también de Lolita y de Rosario, lo que es la vida…"

Capítulo 25

LEGADO Y MUSEO EN JEREZ

Lola nació en la Calle Sol, número 45 de Jerez, su casa natal se conserva y en un principio se habló de este inmueble para ubicar allí su museo. Su actual propietario, según fuentes del Ayuntamiento jerezano, estaría "abierto a posibilidades" de que formara parte de la huella de Lola Flores en su ciudad natal. El ayuntamiento de Jerez pensaba celebrar en el 2020, coincidiendo con el 25 aniversario de su fallecimiento, una serie de actos conmemorativos en el "El año de Lola" pero la pandemia mundial obligó a cambiar los planes. Según confirmaba el Teniente de alcaldesa y Concejal de Cultura y Patrimonio, Francisco Camas Sánchez, la fecha de apertura del mismo será en la primavera del 2022:

-"Será en la Plaza de Belén, en la Nave del Aceite, donde se ubicará el museo, es edificio de propiedad municipal y donde estaba instalada una peña flamenca. Pretendemos hacer un complejo museístico allí, ya que el Museo de Flamenco de Andalucía estará en la misma plaza, y al mismo tiempo queremos abrir un centro cultural, un lugar más pequeño complementario al museo de Lola para desarrollar actividades culturales que podría llamarse "El tabanco de Lola".

Llevamos casi tres años trabajando con las hijas de Lola , Lolita y Rosario, y todo son facilidades, ellas están encantadas y van a ceder objetos como vestuario, quizás mobiliario. La relación es muy buena y hay muy buena sintonía”

La Nave del Aceite, en la Plaza Belén, en el casco histórico, es un edifico de finales del siglo XVIII (1780), de dos plantas, con un total de 380 metros cuadrados. Lola manifestó en muchas ocasiones públicamente su deseo de tener un museo en su tierra natal.

La Faraona tiene una escultura en Jerez, muy cerca de su casa natal , que curiosamente es obra del escultor Víctor Ochoa, el mismo que hizo la escultura de Paquirri para su mausoleo en el cementerio de San Fernando de Sevilla. Está instalada en la Cruz Vieja desde el año 2003, mide 3,60 metros y pesa seiscientos kilos. También hay un instituto que lleva su nombre en su ciudad natal.

En Junio de 1999 el bodeguero José Estévez, propietario de las Bodegas Real Tesoro, quiso rendir un homenaje personal a Lola, inaugurando “La Bodega de Lola Flores”.

En Diciembre del 2008 tres artistas jerezanos decidieron montar hace unos años un local homenaje a su paisana Lola, el torero Juan José Padilla, el cantante David de María y el bailaor Antonio “El Pipa”. Con el nombre de LaLola en la calle Porvenir, en un edificio del siglo XVIII, antes otro conocido local de la ciudad, La Guarida del Ángel, inauguraron un centro que querían fuera de encuentro cultural, con 300 metros cuadrados divididos en tres alturas. Según declaró El Pipa en la inauguración:

"Lola es el nombre de la mujer jerezana y queríamos homenajear a la que es fuente de inspiración para los artistas".

David de María confirmó también que este homenaje artístico se había hecho con el consentimiento de la familia Flores "está al corriente de este homenaje a la Faraona y están muy orgullosos". El local se mantuvo abierto varios años, en la actualidad existen otros sitios gastronómicos en Jerez que hacen un guiño a su paisana.

Capítulo 26

SU GENTE

-CARMEN FLORES, SU HERMANA MENOR Y SU COMPAÑERA ARTÍSTICA

Debutó en 1950 en México y en su primera aparición pública, por su timidez, su hermana casi tuvo que empujarla al escenario. Trabajaron juntas casi siempre y recuerda Carmen que Lola:

"Me llevaba con ella para que le hiciera la primera parte del espectáculo, porque decía que le dejaba al público caliente. Nos llevábamos 13 años pero estábamos muy unidas"

Carmen tuvo que hacer frente a unos rumores que decían que su hermana era en realidad su madre:

"Me indignó aquello, me lo dijo Rocío Jurado en Miami donde yo estaba trabajando, me contó que el periódico El Caso publicó una portada diciendo que yo era hija de mi hermana y de Manolo Caracol. Aquello me dolió mucho porque cuando mi hermana conoció a Manolo Caracol yo tenía seis años y he tenido unos padres maravillosos que han tenido un matrimonio de más de cincuenta años. Soy hija de Rosario Ruiz Rodríguez y Pedro Flores Pinto, igual que mi hermana y mi hermano. Si verdaderamente yo hubiera sido su hija ella lo habría dicho a los cuatro vientos, cuando dijeron aquello mi madre acababa de morir y me indignó mucho"

Carmen a sus 85 años sigue manteniendo ese aspecto juvenil de la familia Flores, aunque se retiró en el 2019 y cuando habla de Lola sigue emocionándose:

"Mi hermana ha sido mi madre, sin serlo, mi confidente, mi amiga, me llamaba de madrugada porque dormía poco... Siempre he estado con ella, me ayudó muchísimo en los momentos duros de mi vida y siempre la tendré conmigo. Murió joven, con 72 años y luchó mucho con su enfermedad"

- CELIA CRUZ, LA HERMANA CUBANA DE LOLA

A Celia Cruz le costó veinte años conquistar a España, siendo una artista de gran reconocimiento en Latinoamérica, comenzó a venir en el año 70 pero el público no la conoció hasta el año 90. Solía venir todos los años de vacaciones y nunca perdió la fe en triunfar en España, siempre recordaba que la primera persona que la ayudó fue su hermana Lola. En el programa "Esa copla me suena" de TVE, presentado por María del Monte, recordaba esta amistad fraternal en 1998:

"Fue mi hermana, mi amiga, la conocí desde Cuba, iba siendo muy jovencita, no tenía a sus hijos aún, presentaba unos espectáculos muy bonitos. Cuando terminaba su temporada me llamaba y allá iba yo. Yo vine en el año 70 a España y ella me ayudó mucho, me decía que España me tenía que conocer, que yo era la niña de los peines cubanos, siempre me apoyaba. Cuando se le hizo el homenaje en Miami me llamó personalmente y me dijo: hermana quiero que estés conmigo. Siempre me invitaba a comer a su casa pero nunca pude ir porque siempre iba con prisa. Lolita me dijo una vez : "te queremos Celia porque mi madre nos enseñó a quererte"

Juntas grabaron la canción "Zongo Borondongo" en el homenaje que le dieron a Lola en Miami. Celia le dedicó una canción "Canto a Lola", cuyo estribillo decía: "Lola gitana, Lola mi amiga, mi hermana". La cantante cubana falleció en el 2003 a los 77 años, su carisma era comparable al de Lola, ella fue todo un mito en Latinoamérica e hizo célebre su expresión: "¡Azúcar!"

- JUAN EL GOLOSINA

Juan Díaz era cantante y transformista, admiraba a Lola y así cuenta como nació su relación con ella, que llegó a considerarlo de su familia:

"Yo la seguía por las ciudades donde actuaba, me gastaba mis ahorros en aquellos viajes. La veía desde lejos, desde lo más alto del gallinero de los teatros. Un día me contrataron en una sala que tenían Mónica Randall y Luis Morris en la madrileña calle Hileras, y una noche se presentó Lola. Yo no quería salir al escenario, porque me aterraba que me viera cantar sus temas más conocidos, pero al final actué y ella pidió que me llevaran a su mesa. Cuando vinieron a buscarme, casi me muero de la emoción. Lola me dijo: «¿Tú me conoces?». Contesté: «Claro, a ti te conocen hasta los ciegos».

Me pidió el teléfono y a los dos días me llamó, invitándome a almorzar en su casa de la calle María de Molina. Y nada más estar frente a ella, me dijo: «No hace falta que me digas quien eres, porque lo sé todo sobre ti». Desde aquel día, no me separé de ella".

El mote de "El Golosina" se lo puso Antonio Flores que le escribió una canción que decía en su estribillo: "Juan el Golosina camina por la vida/ trabaja en cabaret/
Es un hombre libre/ y la gente ya le quiere tal y como es"

- CARMEN MATEO

Murió en sus brazos y su hija Lolita declaró poco después: "Ninguno de sus hijos hemos tenido la suerte de que muriera en nuestros brazos. Lo ha hecho en brazos de Carmen Mateo, su secretaria, su confidente, su amiga desde hace muchísimos años".

- SU REPRESENTANTE, PEPE VAQUERO

José Vaquero, Pepe Vaquero, fue durante cuatro décadas representante artístico de Lola. Además de representar a Lola lo hizo también con Carmen Sevilla y otras artistas llevando sus carrera principalmente en Latinoamérica. Falleció en el 2008 a los 85 años, había nació en Sevilla el mismo año que Lola, 1923 y comenzó a dedicarse al mundo artístico con 20 años. Estaba casado con Mercedes Vecino y su hija Mar Vaquero trabajó con él también aunque en la actualidad está retirada del mundo artístico. Todos los que trabajaron con él destacan su humanidad y lealtad, era lo que se conoce como "un hombre de palabra", Carmen Sevilla se refería a él como "Mi Vaquerito"

TATUAJE

Carmelo Millán

TEATRO LOPE DE VEGA
HOMENAJE A LOS MAESTROS
LEON Y QUIROGA
JUANITA REINA
PAQUITA RICO
LOLITA SEVILLA
DOLORES ABRIL
CARACOL
PEPE PINTO
MARCHENA
ANTOÑITA MORENO
22-1-85
¡MUSICA! ¡ALEGRIA! ¡ARTE!
Todo fundido en el mejor ramillete de la canción andaluza

Capítulo 27

OPINIONES DE OTROS ARTISTAS

MARIFÉ DE TRIANA: "Está el artista bueno, el artista regular y está el artista maravilloso, y luego el genio, a Lola sólo se la puede catalogar como un genio, como genial"

TICO MEDINA: "Lola era más grande como madre que como artista única e irrepetible"

CARMEN SEVILLA: "Mi única amiga, como hermana de verdad. Ella era como la madre de todos, tenía un poder... Era como un imán de amor, cariño y respeto".

PACO GENTO (FUTBOLISTA): "Si Lola Flores hubiera sido futbolista hubiera llegado al máximo, mejor que Di Stéfano"

CURRO ROMERO: "Una artista irrepetible, no va a haber nunca una mujer así"

JORGE CADAVAL (LOS MORANCOS): "La artista más grande que he conocido"

TERENCI MOIX: "Lola Flores es uno de los personajes más atractivos de la España contemporánea cuya historia recorrió aupada ella misma en su propia leyenda".

LUIS SANZ (Dirigió "El Coraje de vivir"): A pesar de la enfermedad llevó el trabajo con una profesionalidad... Era una maravilla... Nunca desfallecía... Era un ser por encima de lo normal, una fuerza de la naturaleza... Pertenecía a ese tipo de personajes que no se parecen a nadie...

MAMEN SÁNCHEZ, ALCALDESA DE JEREZ: "De Lola destacaría su capacidad de adaptación y de reinventarse, además de su espíritu de resistencia y de superación que tanta falta nos hace hoy"

MARIOLA ORELLANA, REPRESENTANTE ARTÍSTICO DE ROSARIO: "Con Lola fue con la primera artista que trabajé como representante, su fuerza, su energía eran únicas, y ahora trabajo con su hija Rosario, otro monstruo de la naturaleza"

Capítulo 28

LOLA VISTA POR LOLA

Julia Otero en el programa "La Luna" de TVE la presentó como Lola de España, Lola Flores. Julia le hizo un cuestionario rápido al principio de su entrevista en el que Lola se describe a sí misma.

¿Se siente querida por el público?

-"Me quieren mucho, lo agradezco mucho y estoy muy contenta, sé que tengo un apoyo grande en el público desde siempre, me siento muy querida porque si no no hubiera estado en el candelero tantos años"

¿Qué artistas admiras? ¿le gusta el Rock and Roll?

-"Me gusta Michael Jackson, no lo puedo aguantar, ese es de chapó, el arte no tiene fronteras y me gusta la Tina Turner"

Dicen que ella es la Lola Flores del rock

-"Tiene muchísimo temperamento, tenemos una edad parecida y tiene una raza tremenda, hay mucha gente que me compara con ella aunque también me han comprado con la deportista Florence Griffith, la pantera negra"

¿Qué quería ser de pequeña?

-"Lo que soy, artista. Cuando me acostaban en la camita veía bailarinas alrededor de mi cama, aunque las veía como la Paulova. Cuando jugaba con mis amigas decía que era artista, me gustaba que me llamaran Carmela"

¿El juguete favorito de la infancia?

-"El que no tuve, una muñeca que lloraba y tenía que ponerle el chupete, jamás tuve esa muñeca"

¿Quién le dio la primera oportunidad?

-"Tenía 13 años y llegó el director italiano Fernando Mignoni a Jerez de la Frontera y eligió a varias niñas para hacer la película "Martingala" con "El Niño de Marchena", yo le hice un monólogo de Imperio Argentina en "Morena Clara", que era la que estaba de moda, y gracias a ello me eligieron. Me pagaron 12.000 pesetas y los viajes con mi madre, nos quedamos en una pensión de Madrid"

¿Su canción preferida?

-"Mi canción preferida es Penita, Pena, porque por ella me di a conocer en América. Cuando llegaba a Buenos Aires, a México a La Habana , ya la gente me conocía porque había visto la película y como no defraudaba tenía mucho éxito"
¿Su mejor hora del día?

-"Cuando estoy durmiendo, por los problemas, cuando duermo ya mi cabeza tiene un poquito de paz"

¿Qué hace cuando se ve ante un espejo?

-"Me miro y digo: no estoy nada mal, estoy graciosa"

¿De qué rasgo físico se siente más orgullosa?

-"Es muy importante para mi los ojos"

¿De qué se disfrazaría en una fiesta de Carnaval?

-"Yo de Faraona"

¿En qué momento de su vida ha sentido más vergüenza?

-"Con la portada de Interviú, aquella que salía con las mamellas fuera"

¿Su refrán favorito?

-"Nunca digas de esta agua no beberé"

¿A qué tiene miedo?

-"A la muerte"

¿Por qué mentiría?

-"Por salvar a uno de mis hijos"

¿Pierde los nervios?

-"Soy una mujer bastante templada pero cuando los pierdo soy peligrosa, pero es por una razón importante"

¿Qué es lo primero que mira de un hombre?

-"De un hombre que sea eso, un hombre"

¿Y de una mujer?

-"La lealtad"

¿Cúando y por qué ha llorado por última vez?

-"Soy muy llorona, lloro por los niños que pasan hambre, por las injusticias que veo en el mundo, soy bastante sensible"

¿Con quién pasaría una noche?

-"Mira Julia depende hija … si me dices de pasar una noche muy buena me gustaría escuchar a Camarón, a la Paquera de Jerez, tomarme una copita, estar bailando y cantando. Si me dices una noche graciosa con mis dos nietas y si me dices una noche ya me entiendes, una noche, una noche… pues me lo callo"

¿De qué película le habría gustado ser protagonista?

-"La rosa tatuada"

¿Cúal es el hecho tecnológico que le cuesta más comprender?

-"Me gusta comprender todo eso que se está haciendo para saber qué hay en el espacio"

AGRADECIMIENTOS

- Jesús Quintero
- Juan y Medio
- Rosa Villacastín
- Charo Reina
- Tico Medina
- Paco Cepero
- Manuel Picoco y Sole
- Israel del Santo, director de cine
- Tomás Díaz, diseñador y amigo personal de Lola
- Justo Robles "Salao"
- María José Santiago
- Fernando Soto
- Koki Sánchez
- Miriam Méndez, La Princesa descalza
- Julia Otero
- Pedro González, editor de moda, Presidente de Qlamenco y director artístico de SIMOF
- Manuel Cecilio, maquillador y estilista
- Cristóbal Ruíz Barba

ÍNDICE

Printed in Great Britain
by Amazon

75640329R00127